Heinrich von Treitschke

Das deutsche Ordensland Preussen

Heinrich von Treitschke

Das deutsche Ordensland Preussen

ISBN/EAN: 9783743319615

Hergestellt in Europa, USA, Kanada, Australien, Japan

Cover: Foto ©ninafisch / pixelio.de

Manufactured and distributed by brebook publishing software (www.brebook.com)

Heinrich von Treitschke

Das deutsche Ordensland Preussen

Heinrich von Treitschke

Das deutsche Ordensland Preußen

Im Insel-Verlag zu Leipzig

Nicht die Jahre der Geschichte zähle, wer eines Volkes Alter messen will; sicherer zum Ziele führt ihn die tiefere Frage, welcher Teil der Vergangenheit noch als Geschichte in der Seele des Volkes lebendig ist. Wer aus dem Kampfe der Gegenwart um den Grundbau des deutschen Staates noch nicht die Einsicht gewonnen hat, dies alte Land komme jetzt zum zweiten Male zu seinen Tagen, der mag die Jugend unseres Volkes erkennen an der vergeblich geleugneten Tatsache, daß unser Mittelalter dem Bewußtsein der heutigen Deutschen unendlich fernsteht. Nicht bloß der Masse ist nahezu alles aus dem Gedächtnis geschwunden, was über die Tage der Schwedennot und der Reformation hinausliegt. Auch das Urteil der Gebildeten ist nur über sehr wenige Erscheinungen jener reichen Zeit zu einem festen Schlusse gelangt. Der heute mit neuem Eifer entfachte Streit über das Kaisertum — wäre er möglich in einem Volke von einfacher, ungebrochener Entwicklung? Noch mehr, sogar das durchschnittliche Maß unserer Kenntnisse von dem deutschen Mittelalter ist erstaunlich dürftig für ein so gelehrtes Volk und nach so emsiger Arbeit der historischen Wissenschaft. Was anders lehren in der Regel unsere gelehrten Schulen, als ein willkürliches Gemisch gleichgültiger Tatsachen, das man Geschichte des engeren Vaterlandes zu taufen liebt, und jene Kaisergeschichte, welche dahinging wie der Traum einer Sommernacht und mit all ihrem Glanze die Deutschen doch nur als die Lernenden zeigt? Kaum daß eine hingeworfene Notiz dem süddeutschen Knaben eine Ahnung gibt von der größten, folgenreichsten Tat des späteren Mittelalters, von dem reißenden Hinausströmen deutschen Geistes über den Norden und Osten, dem gewaltigen Schaffen unseres Volkes als Bezwinger, Lehrer, Zuchtmeister unserer Nachbarn.

Ein glücklicheres Geschlecht, emporgewachsen auf den Werken unserer Tage, wird vielleicht dereinst als einen köstlichen Segen preisen, was wir an der Unfertigkeit unseres Gemeinwesens noch schmerzlich empfinden: daß die Deutschen so eigen zu ihrer Geschichte stehen, daß wir so alt sind und so jung zugleich, daß unsere uralte Vorzeit nicht als eine Last auf unseren Seelen liegt, wie vormals die Größe Roms auf den romanischen Völkern. Preußen insbesondere mag mit Stolz den Namen führen, womit seine Neider es schmähend ehren, den Namen des Emporkömmlings unter den Mächten. Dennoch sollten wir öfter, als es namentlich bei uns in Süd= und Mitteldeutschland zu geschehen pflegt, den Blick verweilen lassen auf jener kraus verschlungenen Entwicklung, welche den kurzen zwei Jahrhunderten der modernen preußischen Geschichte voranging. Ein kräftiges Gefühl der Sicherheit bringt uns zu Herzen, wenn wir das so plötzlich zur Reife gediehene Werk durch die harte Arbeit langer Jahrhunderte vorbereitet sehen. Wir lachen des hämischen Geredes über die willkürliche Entstehung des preußischen Staates, wenn wir die deutsche Großmacht der modernen Welt auf demselben Boden gefestet schauen, wo einst das neue Deutschland unserer Altvordern, die baltische Großmacht des Mittelalters sich erhob. Und wer mag das innerste Wesen von Preußens Volk und Staat verstehen, der sich nicht versenkt hat in jene schonungslosen Rassenkämpfe, deren Spuren, bewußt und unbewußt, noch in den Lebensgewohnheiten des Volkes geheimnisvoll fortleben? Es webt ein Zauber über jenem Boden, den das edelste deutsche Blut gedüngt hat im Kampfe für den deutschen Namen und die reinsten Güter der Menschheit.

Gelehrte Bearbeiter haben dem reizvollsten Teile dieser Vorgeschichte, der Geschichte des Ordenslandes Preußen, nie gefehlt. Wie hätte es nicht jede lautere und jede lüsterne Phantasie locken sollen, den Geschicken der geheimnisvollen Ordensburgen mit der morgenhellen Pracht ihrer Remter und dem Spuk ihrer unterirdischen Gänge nachzuspüren? Diese rätselhaften Menschen zu verstehen, die zugleich rauflustige Soldaten waren und streng rechnende Verwalter, zugleich entsagende Mönche und waghalsige Kaufleute und, mehr als all dies, kühne, weitschauende Staatsmänner? Den Staatsmann vornehmlich mußte sie reizen, diese Geschichte einer schroffen Aristokratie, deren beste Kraft in ihrem Bunde mit dem Bürgertume gelegen war – einer geistlichen Genossenschaft, welche der Kirche so herrisch wie nur je ein weltlicher Despot den Fuß auf den Nacken setzte – eines Staates, der uns bald traumhaft fremd erscheint, wie eine versunkene Welt, ein Anachronismus selbst in seiner Zeit, bald die rationalistische Nüchternheit moderner Staatskunst vorbildet – einer Kolonie, die keiner Theorie des Kolonialwesens sich einfügen will und dennoch die Lebensgesetze der Pflanzungsstaaten typisch veranschaulicht in ihrem atemlosen Steigen, ihrem jähen Falle. Eine Geschichte tut sich hier auf, welche uns bald heimisch anmutet durch die trauliche Enge provinzialen Sonderlebens, bald die Seele erhebt durch den weiten Ausblick auf welthistorische Verwicklungen: eine Geschichte, so wirrenreich und verschlungen wie nur die Schicksale unseres alten Reichswappens, jenes einköpfigen Adlers, der von dem Stauferkaiser dem Hochmeister in sein Schild geschenkt ward und in der fernen Pflanzung sich erhielt, derweil er dem Reiche selber verloren ging, bis ihn endlich der deutsche Großstaat der neuen Zeit zu seinem verheißenden Zeichen wählte. Doch was uns Bewohner der Kleinstaaten zu dieser Geschichte mehr noch hinzieht als ihr romantischer Reiz, das ist die tiefsinnige Lehre von dem Segen des Staates, der bürgerlichen Unterordnung, welche sie lauter vielleicht predigt als irgendein anderer Teil unserer Vergangenheit.

Das Bild des alten Ordensstaates war in der Epoche des evangelischen Glaubenseifers in Altpreußen selber fast vergessen, und wurde dann im Wetteifer verzerrt und entstellt bald von dem nationalen Hasse polnischer Geistlichen, bald von dem Bürgerstolze gelehrter Danziger Stadtschreiber, bald endlich von der selbstgefälligen Aufklärung der Kotzebue und Genossen.

Auch läppischer Fabelsucht war Tür und Tor geöffnet. Denn des Ordens alte Chronisten ermangeln nicht nur, nach der Weise epischer Zeiten, der Gabe Charaktere zu schildern; sie verschmähen es sogar grundsätzlich, gemäß dem hocharistokratischen Geiste des Ordens, die großen Männer des Staates in den Vordergrund zu stellen. Wie mußte da nicht in den modernen Schriftstellern das echtmenschliche Bedürfnis sich regen, gewaltige Taten zu personifizieren? Erst Johannes Voigt hat die wissenschaftliche Geschichtforschung in Alt-Preußen begründet, als er vor nahezu fünfzig Jahren seine „Geschichte von Preußen" aus den Archiven des Ordens zu schöpfen begann. Leicht mögen wir heute die Mängel des Werkes tadeln: die reizlose Darstellung, die oft stumpfe Kritik der Quellen, den Mangel großer staatsmännischer Gesichtspunkte und vor allem jene sanguinische Schönseherei, welche sich aus der Freude des ersten Entdeckers und aus dem dünnen Idealismus der Tage der alten Romantik vollauf erklärt. Uns jüngeren Skeptikern wird oft gar lustig zumute unter all diesen edlen und biederen Rittern, deren Taten doch so laut verkünden: ein guter Teil ihrer Größe bestand in dem gänzlichen Mangel jener Gutmütigkeit, die man fälschlich als eine deutsche Tugend preist. Trotz alledem bleibt dem ehrwürdigen Verfasser ein unvergängliches Verdienst. Dafür zeugt am lautesten der lebhafte Eifer, den alle Stände der Provinz seit dem Erscheinen des Voigtschen Werkes auf die Erforschung ihrer alten Geschichte verwenden; die rührende Liebe zur Heimat, die in Altpreußen vielleicht kräftiger lebt als in irgendeiner anderen deutschen Landschaft, betätigte sich gern in historischer Forschung. Diese stille Arbeit ging Hand in Hand mit dem Wiederaufbau der Marienburg; ihre Ergebnisse liegen vor in zahllosen Einzelschriften und Sammelwerken, die freilich gründliche historische Kritik oft vermissen lassen. Erst neuerdings, seit Töppen in seiner Geschichte der preußischen Historiographie (1853) die alten Chroniken des Landes einer eingehenden Prü-

fung unterwarf, ist abermals ein vollständiger Umschwung eingetreten in der Auffassung der preußischen Vorzeit; die von Hirsch, Töppen und Strehlke herausgegebene musterhafte Sammlung der preußischen Geschichtsquellen (Scriptores rerum Prussicarum) hat den Weg gebahnt für eine der strengeren Methode der heutigen Wissenschaft genügende Darstellung der altpreußischen Geschichte. Ein solches Werk ist noch zu schreiben. Wir versuchen in den raschen starken Strichen einer anspruchslosen Skizze die Entwicklung des Ordenslandes zusammenzufassen. —
Der helle Tag des alten deutschen Rittertums ging zur Rüste. Noch einmal, glänzender denn je zuvor, war die Blüte des abligen Deutschlands, an vierzigtausend Ritter, um ihren Helden versammelt, als der alte Kaiser Rotbart auf dem Reichshoftage zu Mainz seinen Söhnen „den ehrenreichen Schlag schlug" und selber noch mit der Lanze im abligen Spiele sich tummelte (1184). Drei Jahre noch — so nahe berühren sich Glanz und Fäulnis auf diesem steilen Gipfel altritterlicher Zeit — und der ritterfreundliche Kaiser legte dem deutschen Adel selber die Axt an die Wurzel, gab ihm das selbstmörderische Recht der Fehde. Nach abermals drei Jahren hatte der ruhmreichste Vertreter deutscher Ritterherrlichkeit im Morgenlande sein Grab gefunden. In diesen verhängnisvollen Tagen, auf demselben Kreuzzuge, der dem Kaiser den Tod gab, entstand der deutsche Orden von Sankt Marien, ein nachgeborenes Kind des älteren deutschen Rittertums. Als die Lateiner die Feste Akkon belagerten, erbarmten sich reiche Kaufleute aus Lübeck und Bremen der siechen Landsleute und nahmen sie auf in ihre Segelzelte. Deutsche Ritter boten den Verwundeten fromme Pflege, wie der Welsche sie längst schon bei seinen Templern und Johannitern fand. Nach der Eroberung der Stadt ward die ritterliche Brüderschaft für die Dauer gestiftet, vereinigte mit sich ein älteres Hospital der Deutschen zu Jerusalem und gründete in Akkon

ihren Hauptsitz (1190–1191). So standen bedeutsam deutsche Bürger an der Wiege des Ritterordens in Zeiten, da bereits abliger Übermut dem Bürger das Recht der Waffen zu bestreiten versuchte; und solange seine Größe währte, hatte der Orden alltäglich für seine frommen Mitstifter von Lübeck und Bremen gebetet. Wie unser Volk während der Kreuzzüge in dem großen Ideenaustausche der lateinischen Christenheit immer mehr empfing als gab, so ward auch der Orden nach dem Vorbilde der Welschen gestiftet. Seine kriegerische Ordnung entlehnte er den Templern, die Regeln für Siechenpflege und geistliche Zucht den Johannitern. Aber während die Templer bald in sittlicher Entartung verkamen, die Johanniter als Markmannen der Lateiner wider die Türken ein unsicheres Dasein führten, sollte der deutsche Orden beide überflügeln. Später gegründet, blieb er eine lange Zeit hindurch reiner als beide von der sittlichen Fäulnis des Orientes. Von Anbeginn nahm er, mit schrofferem Nationalstolze als jene, nur Söhne deutscher Zunge in seinen Kreis, und bald entsprang seines Meisters lichtem Haupte der große Gedanke der Staatengründung.

Während eines Menschenalters schien es, als sollte der Orden, der noch kaum mehr als zweihundert Mitglieder zählen mochte, abenteuernd dahinleben auf den Grenzgebieten abendländischer und morgenländischer Bildung. Er drillte und führte das neu gebildete Fußvolk der Kreuzfahrer, erwarb mit dem Schwerte und durch fromme Stiftung manch schönes Gut im Heiligen Lande und in Griechenland, das meiste in Sizilien und einiges in Deutschland. In solchem heimatlosen Treiben blieb er klüglich dem Heiligen Stuhle ergeben, und die Kurie schützte „ihre geliebtesten Söhne", wenn eifersüchtige Fürsten mit den trotzigen unbequemen Untertanen haderten, befahl dem murrenden Klerus, auf jede Gerichtsbarkeit über den Orden zu verzichten, und mahnte die Templer, den weißen Mantel der deutschen Herren zu dulden: unterschied sie doch das schwarze Kreuz genugsam von den Templern. — Ein Zug der Größe kommt in des Ordens Geschichte erst mit dem Hochmeister Hermann von Salza. In Thüringen erwachsen, als dort am sängerfreundlichen Hofe der Wartburg die Blüte christlich=deutscher Dichtung sich entfaltete, hatte er später am Kaiserhofe zu Palermo eine weltlichere Bildung genossen. Dort ward er von seinem Freunde Friedrich II. eingeweiht in die weltumspannenden Pläne kaiserlicher Staatskunst. Er lernte die verständigen Grundsätze jenes nahezu modernen Absolutismus kennen, welchen der Staufer zum guten Teile den Sarazenen abgesehen hatte und in seiner sizilianischen Heimat durchführte. Der Staat übte hier eine vielseitige Tätigkeit, wovon die germanische Welt vordem nichts ahnte, ein zahlreiches wohlgeschultes Beamtentum entfaltete alle Mittel fiskalischer Politik, eine kodifizierte Gesetzgebung hielt das Ganze in strenger Regel. Aber neben diesem welschen Kaiser, inmitten sarazenischer Leibwächter und leichtfertiger südländischer Sänger blieb Salza ein Deutscher. Und während der geistvolle Kaiser mit seinen skeptischen Gelehrten gern der christlichen Glaubenssätze spottete und die Welt sich von den süßen Sünden des kaiserlichen Harems zu Lucretia erzählte: der kirchliche Glaube des Hochmeisters blieb unerschüttert, sein Wandel unsträflich. Der kluge, überlegene Kopf verstand, sich zwischen den streitenden Mächten des Kaisertums und der Kirche hindurchzuwinden, beide für seines Ordens Größe zu benutzen. Bald ward der besonnene maßvolle Mann der gesuchte glückliche Vermittler in den Kämpfen der Weltmächte. So bereiste er Deutschland, um den Dänenkönig Waldemar zu bewegen, daß er seinen Ansprüchen auf Holstein entsage, und beschwichtigte die aufsässigen Städte der Lombardei. Noch in späteren Jahren betrieb er den Friedensschluß zwischen Papst und Kaiser: er war allein zugegen, als zu Anagni die beiden im Zwiegespräche sich verständigten.

Für solche Dienste überhäufte der Kaiser den Unentbehrlichen

mit Gnaden und schenkte ihm den schwarzen Reichsadler in das
Herzschild des Hochmeisterkreuzes. Wie hätte dem klarblickenden
Staatsmanne bei seinem wiederholten Verweilen zu Akkon ent-
gehen sollen, daß des Ordens Besitz im Oriente schwer gefährdet,
der Sinn der Christenheit der „lieben Reise" in das Heilige
Land entfremdet sei? Bereits trug er sich mit dem Plane, dem
Orden im Abendlande eine gesicherte Heimat zu gründen — denn
solange nicht ein anderes erwiesen wird, muß es bei der Dürftigkeit der Quellen gestattet sein, den Ruhm dieses Gedankens dem
Hochmeister zuzuweisen — und gern schickte er eine Schar seiner
Ritter, als König Andreas von Ungarn wider die heidnischen
Kumanen der starken Hand des Ordens bedurfte und ihm
als Kampfpreis Siebenbürgens schönes Burzenland zu Lehen
gab. Die Ritter kamen, und Hermann bewog den Papst, das
ungarische Lehen für ein Eigentum St. Petri zu erklären — in
jenem Geiste kraftbewußter, rücksichtsloser Selbstsucht, der von
da an des Ordens Staatskunst erfüllt: Doch der Ungarkönig
eilte, die gefährlichen Freunde aus dem Lande zu treiben. Noch
war das Fehlschlagen dieses kecken Anschlags nicht verschmerzt:
da erschien bei dem Hochmeister — er verhandelte gerade in
Sachen des Kaisers mit den Kommunen der Lombardei — die
Gesandtschaft eines polnischen Kleinfürsten, seine Hilfe erflehend
gegen die heidnischen Preußen (1226). Und es geschah, daß der
Orden seinen großen christlich-deutschen Kreuzzug begann, eifrig
gefördert von einem Kaiser, der weder christlichen noch deutschen
Sinnes war. So stoßen wir schon an seiner Schwelle auf die
geheimste Unwahrheit des Ordensstaates: sein Werk kriege-
rischer Heidenbekehrung ward begonnen in Tagen, die dem
naiven Glauben der alten Zeit bereits entwuchsen.
Sehr wenig günstige Zeichen fürwahr bot dies dreizehnte Jahrhundert dem Beginne eines Ritterstaates. Überall im Weltteil
wankte das alte Rittertum in seinen Fugen. Wieder und wieder
versagte unser Adel den Dienst zur Romfahrt; er begann bereits

die romantische Staatskunst seiner großen Kaiser als eine Last zu empfinden. Stumm lagen die Hallen der Wartburg, und bald, mit dem Aussterben der Babenberger, sollte auch aus Österreich der ritterliche Sang entweichen. Noch eine kurze Frist, und in der Verwilderung der kaiserlosen Zeit schwanden die letzten Trümmer der zierlichen Bildung alter Rittersitte, und teilnahmlos hörte der Adel die Frage des welschen Sängers, wie Deutsche leben könnten, derweil Konradin ungerächt sei. Auch der feine französische Adel war entartet unter den Greueln der Albigenserkriege. Noch einmal erstand ihm in dem heiligen Ludwig ein glänzender Vertreter der alten Zeit, der ein Ritter war und doch ein König; aber alsbald eröffnete der kalte Rechner Philipp der Schöne eine rauhere, modernere Epoche. Um dieselbe Zeit ward in England unter schweren Wehen das Unterhaus geboren. Darauf begann das Jahrhundert der drei Eduards, welches trotz seines romantischen Glanzes in seinem Kerne schon die Keime des modernen englischen Staatslebens zeigt. Mit der alten Rittersitte schwand auch die Kunstform, die ihr Wesen aussprach, die edle Anmut des spätromanischen Stiles. Aber aus dem üppigen Boden dieses reichbegabten Geschlechts wucherten rasch neue Gestaltungen empor. In Rom erstand die unheimliche Größe der Inquisition und der Bettelorden. Und in unserem Norden hatte bereits um das Ende des zwölften Jahrhunderts eine neue Entwicklung eingesetzt, minder glänzend vielleicht als die Politik der Staufer, aber dauernder, stetiger, die große Lehrzeit für die aggressiven Kräfte unseres Volks. Wenn einst die Franken deutschen Geist mit der antiken und christlichen Gesittung verschmolzen: jetzt trug der Stamm der Sachsen die Werke der Franken nach Osten. Als Heinrich der Löwe und Albrecht der Bär die Wenden vernichteten, als Arkonas alte Tempelfeste von den Dänen erstürmt und das geheimnisvolle Heiligtum des Suantevit durch die Christen zerstört ward, da drängten sich deutsche Bürger und Bauern in die verödeten Lande, wie der Kampf für gemeine Freiheit, die Not der Übervölkerung, die Wut des Meeres oder kecke Wagelust sie ostwärts trieb.

Ohne Verständnis, vertieft in die italienischen Händel, schauten die Kaiser dieser großen Fügung zu. Ja, auf Weihnachten 1214 schenkte Friedrich II. alle Lande jenseits der Elbe und Elde dem dänischen Könige. So ward unserem Norden jene Politik aufgezwungen, welche er seitdem getreu behauptet hat: ohne Hilfe vom Reiche, oftmals gegen das Gebot des Reichs, mußte er durch eigene Kraft handeln als ein Mehrer des Reichs. Das Bürgertum von Niederdeutschland regte sich, machte die dänische Macht zuschanden bei Bornhöved, und Lübeck erfocht (1234) bei Warnemünde seinen ersten Seesieg. Nun, in raschem Steigen, ohne jede Gunst der Natur an der hafenarmen Küste, erhebt sich die bürgerliche Macht. Die massiven Gaben deutscher Gesittung, das Schwert, der schwere Pflug, der Steinbau und die „freie Luft" der Städte, die strenge Zucht der Kirche verbreiten sich über die leichtlebigen Völker des Ostens. Die Handelsplätze Skandinaviens werden deutsch, alle merkantilen Kräfte des Nordens herrisch ausgebeutet durch die deutschen Bürger, die sich, alle anderen Völker ausschließend, „reinen Weg" in die Fremde erkämpfen. Der deutsche Kaufmann allein darf das ungastliche Rußland durchstreifen und begleitet, im schweren Eigenhandel dieser unsicheren Zeiten, selber seine Warenzüge nach dem deutschen Hofe von St. Peter in der Handelsrepublik Nowgorod, dem Markte der köstlichen „Peltereien" des Nordens. Der deutsche Bürger tritt das Erbe der Wenden an, die Herrschaft auf der Ostsee; und mit der Hanse entfaltet sich die bürgerliche Kunst der Gotik. Im Laufe des Jahrhunderts werden selbst die Gebiete der slawischen Kleinfürsten in Pommern und Schlesien von deutscher Bildung überherrscht. Ja sogar Polen, das einst die Ansprüche seiner Lehnsherrlichkeit bis an den Harz getragen, läßt jetzt, rasch gesunken durch innere Kriege, diesen grandiosen Siegeszug deutscher Gesittung auf sich wirken. Bis Sendomir und Krakau verbreitet sich der Einfluß deutschen Gemeindewesens, überall auf kirchlichem und landesherrlichem Boden erheben sich deutsche Städte. Bloß der Adel Polens wendet sich in sicherem Instinkte von diesen unheimischen Gewalten ab und benutzt das eindringende deutsche Immunitätswesen, lediglich um die königliche Gerichtsbarkeit abzuschütteln und die Herrschaft polnischer Adelsfreiheit über der Masse mißhandelter gemeindeloser Bauern zu gründen. Noch weiter gen Osten drang der deutsche Kolonist. Niederdeutsche Kaufleute, die nach der verwegenen Weise der Zeit auf kleinen Flußschiffen die Küste befuhren, wurden vom Sturm in den Meerbusen der Düna verschlagen. Darauf unterwarf der große Bischof Albert von Buxhövden, im Bunde mit deutschen Bürgern und dem ritterlichen Schwertorden, das ferne Livland, und bald erstanden als deutsche Städte die geliebten „Täuflinge" der Hanse: Reval, Dorpat und vor allen Riga (1201), das die Wappen von Hamburg und Bremen in seinem Schilde vereinte.

In dieser gewaltigen, die Ostsee umspannenden Kette deutscher Kolonien fehlte noch ein Glied —: das Land Preußen östlich der Weichsel. Durch das unendliche Gebiet der Sümpfe am Dnjepr, Dnjestr und Pripecz vor slawischen und byzantinisch-christlichen Einwirkungen gesichert, hatte dort ein vermutlich mit anderen Völkertrümmern vermischter Stamm des Litauervolkes durch Jahrtausende ein harmloses Sonderdasein geführt. Wie noch heute die Ostsee minder tief als andere Meere in das Binnenland einwirkt, so blieb vollends dort, wo Nehrungen und das süße Wasser der Haffe den Verkehr mit der hohen See erschweren, der mäßige Tauschhandel des städtelosen Volkes mit einigen westlichen Häfen ohne Einfluß auf die Sitten. Eine geheimnisvolle Priesterschaft, selten dem Heimischen, dem Fremden niemals sichtbar, hütete in heiligen Eichenwäldern die geweihten Schlangen und entzündete auf den Opfersteinen das duftende Bernsteinfeuer vor den Göttern eines Glaubens, der von den Greueln aller Naturreligionen, Blutdurst und Wollust, nur weniges offenbarte. Die den deutschen Spartanern den Namen geben sollten, lebten dahin als ein still friedliches Volk von Hirten und bequemen Ackerbauern, die langen Winternächte mit dem Zauber einer milden elegischen Dichtung verkürzend, zersplittert in Kleinstaaten und ohne jeden Trieb, den Partikularismus ursprünglicher Menschheit in harter staatlicher Arbeit zu überwinden — aber ein Volk von Freien, eingesessen seit uralten Tagen, geschützt gegen Westen durch das Sumpftal der Weichsel, gegen Süden durch gewaltige Verhaue, Seen und Waldungen, und darum furchtbar jedem fremden Dränger. Das hatten wiederholt die Polen erfahren: ihre Grenzprovinz gegen Preußen, das Kulmerland, ward von dem gereizten Heidenvolke oftmals mit blutiger Plünderung heimgesucht. Hartnäckig wahrten die Preußen ihren heimischen Glauben. Schon im zehnten Jahrhundert ward der kühne Heidenbekehrer, der Tscheche Adalbert von Prag, der später in christlicher Zeit als Preußens Schutzheiliger galt, von den Erbitterten erschlagen, da er frevelnd den heiligen Wald von Romove betrat. Bald darauf fiel auch der Sachsenfürst Bruno, der erste deutsche Mann, der dies ungastliche Gestade betrat, als ein Blutzeuge des christlichen Glaubens. Jetzt, im Anfang des dreizehnten Jahrhunderts, nahm der Zisterzienfermönch Christian von Oliva diese Versuche wieder auf, er gründete die ersten christlichen Kirchen jenseits der Weichsel und wurde vom Papste zum Bischof von Preußen erhoben; die heilige Jungfrau, die weithin am fischreichen Strande der Ostsee als die Schirmerin der Küsten galt, sollte auch das Land am Frischen Haff beherrschen. Die Kurie nahm das Heidenland als eine Stätte der Bekehrung in ihren besonderen Schutz, nach jenem notwendigen Rechte, das von den Kulturvölkern jederzeit wider die Barbaren behauptet wird und damals nach dem Glauben der Christenheit unzweifelhaft dem Heiligen Stuhle zustand. Aber kaum hatte der Bischof im Bunde mit dem Herrn des Kulmerlandes, dem Herzoge Konrad von Masovien, ein Kreuzheer in das Heidenland geführt, so erhoben sich die Preußen, vernichteten jede Spur christlicher Niederlassungen und trugen Mord und Brand in das Gebiet des polnischen Herzogs. Der Herzog – ohne Rückhalt an der Anarchie und dem unreifen Christentum der Polen – rief endlich den Todfeind Polens, den Deutschen zu Hilfe.

Hermann von Salza gewährte seinen Beistand, aber nicht als Hilfstruppen sollten die Kreuzheere der deutschen Herren auftreten. Der Plan, dem Orden einen Staat zu gründen, gedieh jetzt zur Reife. Leicht war der Kaiser beredet, dem Orden das Kulmerland und alle künftigen Eroberungen in Preußen mit aller Gerichtsbarkeit und Herrlichkeit eines Reichsfürsten zu verleihen (1226). Sodann ward Konrad von Masovien veranlaßt, sein Kulmerland dem Orden abzutreten (1230). Endlich (1234) bewog der Hochmeister den Papst, das Land für ein Eigentum St. Petri zu erklären und dem Orden gegen einen mäßigen Kammerzins an die Kurie zu überlassen. So entschied sich alsbald jene zweifelhafte Stellung Preußens zum deutschen Reiche, die sich später bitterlich rächte. Doch entschieden war auch, daß ein deutscher Staat sich zwischen Polen und das Meer drängen sollte, entschieden damit die ewige Feindschaft zwischen Polen und dem Ordensstaate. Allerdings bieten die Urkunden keinen Anhalt für die neuerdings von Watterich und andern gewagte Behauptung, durch die Gründung des Ordensstaates seien die Rechte des Bischofs Christian und des Herzogs Konrad verletzt worden. Aber gewiß bleibt, daß die Interessen der beiden mit den hochstrebenden Plänen des Ordens keineswegs zusammenfielen. Der Bischof durfte nicht wünschen, unter die Oberherrlichkeit des Ritterstaates zu geraten; war doch in dem benachbarten Livland der Schwertorden abhängig von dem Erzbischof von Riga! Noch weniger konnte der polnische Herzog die Gründung eines deutschen Staats an der Ostsee erstreben. Nur zögernd — wie die Urkunden zeigen — in äußerster Bedrängnis entschloß er sich, das Kulmerland aufzugeben, das jetzt der Ausgangspunkt ward für die deutsche Eroberungspolitik. Mit dem Jahre jener päpstlichen Schenkung endet die anfängliche Unterstützung des Ordens von seiten der Polen. Sie beginnen zu begreifen, daß der politisch-nationale Gegensatz stärker sei als die religiöse Gemeinschaft; nur die eigene Zerrissenheit und die Unsicherheit barbarischer Politik hindert sie, schon jetzt den natürlichen Weg offenen Kampfes gegen den Orden zu betreten.

Alle Hebel geistlicher Gewalt setzte die Kurie in Bewegung, um dem Orden von St. Marien die Eroberung des Heidenlandes für seine Schutzheilige zu sichern. Das Kreuz ward gepredigt im Reiche. Wer teilnahm an der Kreuzfahrt — sogar die der Brandstiftung und der Mißhandlung von Geistlichen Schuldigen, ja selbst die Ghibellinen —, war jeder Buße ledig, und gern willigte der Papst in die Ehescheidung der Gatten, die unter die „neuen Makkabäer in der Zeit des Heils" treten wollten. Es war die Zeit, da das Papsttum den Höhepunkt seiner weltlichen Macht erreicht hatte, da der Römische Stuhl in Portugal widerstandslos einen König stürzen, in Island der Republik ein Ende setzen, in Deutschland die Königswahl ohne päpstliche Bestätigung für ungültig erklären konnte. War an sich schon jeder Kreuzzug ein Vorteil für die geistliche Gewalt, so durfte Rom hoffen, in dem neugewonnenen Gebiete dieser von Feinden rings bedrohten geistlichen Brüderschaft durch seine Legaten eine schrankenlose Macht zu üben. Im Jahre 1231 setzt der von Salza gesendete Landmeister Hermann Balke mit seinem Kreuzheere und sieben Ordensbrüdern über die Weichsel, und nun beginnt ein Vorschreiten, sicher und stetig, nach festem Plane, einzig in dieser Zeit regelloser Kriegführung.

Kaum ist ein Stück Landes von den Deutschen durchstürmt, so führen deutsche Schiffe Balken und Steine die Weichsel herab, und an den äußersten Grenzen des Eroberten entstehen jene Burgen, deren strategisch glückliche Lage Kriegskundige noch heute bewundern – zuerst Thorn, Kulm, Marienwerder. Diese vorgeschobenen Posten sind im kleinen, was das Ordensland dem Reiche ist: ein fester Hafendamm, verwegen hinausgebaut vom deutschen Ufer in die wilde See der östlichen Völker. So werden neue Stützpunkte gewonnen für das weitere Vordringen, das Auge der Barbaren abgelenkt von dem bereits eroberten Lande, und indem man die Preußen zwingt, sich in hellen Haufen gegen diese Burgen zu scharen, entgeht der berittene Deutsche der Gefahr des kleinen Krieges, der in diesem Lande der Wälder und Sümpfe unrettbar ins Verderben führen muß.
Mit jener Unfähigkeit, der Zukunft zu denken, welche den Barbaren bezeichnet, lassen die Preußen das erste fremdartige Beginnen des Burgenbaues geschehen, bis allmählich das Verständnis der Lage erwacht, die lange schlummernde Wildheit des Volkes furchtbar ausbricht und ein Krieg sich entspinnt von unmenschlicher Grausamkeit. Alle Härte unseres eigenen Volksgeistes entfaltet sich hier, wo der Eroberer dem Heiden gegenübertritt mit dem dreifachen Stolze des Christen, des Ritters, des Deutschen. Die wild feierliche Poesie des hohen Nordens erhöht den romantischen Reiz dieser Kämpfe. Willkommen ist der Frost, der die Straße bahnt durch die unwegsamen Wälder, gefürchtet der weiche Winter. Oftmals erhebt sich das Würgen bei grellem Nordlichtschein auf dem Eise der Flüsse und Sümpfe, bis unter der Wucht der Streiter die Decke bricht und die Wellen Freund und Feind begraben. Die politisch und militärisch zersplitterte Macht der Preußen muß endlich der fest organisierten Minderzahl der Deutschen weichen, und nach dem ersten großen Siege an der Sirguna (1234) hallt wieder und wieder durch das Land das übermütige Lied der Eroberer: „Wir wollen

alle fröhlich sein, die Heiden sind in großer Pein." Sechs Jahre darauf wird ein erster großer Aufstand der Unterjochten blutig niedergeschlagen. Immer häufiger wird durch den Ruf solcher Siege waglustiger deutscher Adel zur Kriegsreise nach Preußen gelockt. Auch Otakar der Böhmenkönig unternimmt eine Preußenfahrt, die von der Sage mit einer bunten Fülle abenteuerlicher Züge ausgeschmückt wird. Nachdem die Wasserstraße der Weichsel und des Frischen Haffs gewonnen und durch die Feste Elbing gesichert ist, rüstet sich der Orden, den Kern der Heidenmacht, das Samland zu erobern. Das uralte Heiligtum, der Wald von Romove, wird genommen, die Göttereiche fällt unter den Axtschlägen christlicher Priester, und der erste samländische Edle wird auf den Namen des Böhmen getauft, der mit slawischer Wahrheitsliebe sich rühmt, das gesamte Volk Samlands getauft und das Böhmerreich von der Adria bis zur Baltischen See vergrößert zu haben. Doch unter diesem phantastischen Gebaren bleibt des Ordens nüchterne militärische Staatskunst unverändert, das System der vorgeschobenen Posten wird stetig erweitert. Noch ehe Samland erobert worden, schickt er Truppen und frönende Bauern ostwärts über die Kurische Nehrung, gründet die Memelburg. Dem königlichen Gaste zu Ehren wird eine Feste in Samland errichtet, empfängt den Namen Königsberg und einen Ritter mit gekröntem Helm in ihr Wappen (1255), und Otakars Kampfgenosse, der Askanier Markgraf Otto III., schenkt der neuen Feste Brandenburg am Haff seinen roten Adler in ihr Wappen.
Noch höher, bis zu dem verwegenen Plane der Herrlichkeit über die Ostsee, erholen sich die Gedanken des jungen Militärstaats. Schon im Jahre 1237 ward der livländische Schwertorden mit dem deutschen Orden vereinigt. Also sah Hermann von Salza zwei Jahre vor seinem Tode seinen jüngst noch heimatlosen Orden als den Herrn einer Staatsgewalt, welche ihren Besitz und Anspruch über einen Küstensaum von hundert Meilen er-

streckte. Was aber diesen Eroberungszug der deutschen Herren von Grund aus unterscheidet von der trivialen Rauflust gemeiner ritterlicher Abenteurer und ihn in Wahrheit zur besten Tat des deutschen Adels erhebt, das ist die treue Verbindung der Kreuziger mit unserm Bürgertume. War der Plan des Ordens ursprünglich vermutlich bloß dahin gegangen, das Land zu behandeln gleich den der Christenheit unterworfenen Ländern des Orients, d. h. es lediglich zu erobern und für des Siegers politische und kirchliche Zwecke auszunutzen, war die Mehrzahl der Kreuzfahrer bisher nach einjähriger Kriegsreise wieder heimgekehrt, so ergab sich bald aus dem zähen Widerstande der erbitterten Preußen die Notwendigkeit, deutsche Kraft in vollerem Strome in das Land zu leiten. Die Bürger Niederdeutschlands wurden nach Preußen gerufen, eine Stadt gegründet neben jeder Hauptburg der Ritter, und nun erklang auch in Preußen, wie in Schlesien, das Lied der einziehenden deutschen Ansiedler: „In Gottes Namen fahren wir." In der Kulmischen Handfeste (1233) gewährte der Orden den neuen Ansiedlern großherzig die Freiheit des Magdeburger Rechtes, das seitdem für die Mehrzahl der preußischen Städte den Rechtsboden bildete. Ja, er gestattete den Bürgern Lübecks, ihre Pflanzstadt Elbing nach i h r e m Rechte zu ordnen. Auf solche Gunst verweisend, durfte er später in den Tagen der Not getrost sich wenden an die Bürger der Hanse, die „dieses Feld des Glaubens so oft mit ihrem Blute benetzt". Von diesem Kerne deutscher Gesittung in Städten und Ordensburgen schien das flache Land leicht zu bändigen. Es genügte, mochte man meinen, wenn überall im Lande Kirchen erstanden, jedes Dorf erbarmungslos verbrannt ward, das nach der Taufe noch den alten Göttern geopfert, und die Kinder der preußischen Edlen in deutschen Klosterschulen erzogen wurden. Sehr rasch verstanden die slawisch-lettischen Nachbarn in Ost und West die drohende Bedeutung der deutschen Pflanzung. Zu wiederholten

Malen erschien der Herr des linken Weichselufers, der christliche Herzog Suantepolk von Pommern, im Bunde mit den heidnischen Preußen, Kuren und Litauern. Bald ward es ein feiner Grundsatz der litauischen Staatskunst, dem nahenden Verderben durch die Taufe zu entgehen und alsbald nach entschwundener Gefahr zu den alten Göttern zurückzukehren. Trotz dieser ruhelosen Kämpfe schien ums Jahr 1260 der Besitz Preußens ziemlich gesichert.

Aber noch einmal muß der Orden um die Eroberung, ja um sein Dasein kämpfen. Murrend ertragen die Besiegten den Übermut der fremden Kinderräuber, die jede Vermischung mit undeutschem Blute herrisch verschmähen. Nicht einmal der Klerus lernt die Sprache der neuen Christen; von dem Treiben der deutschen Priester ist dem Preußen nichts verständlich, als der Hohn wider die alten Heiligtümer. Und wie der Deutsche selber nicht wagt, in den unheimlichen Stätten böser Geister, den heidnischen Götterhainen, seinen Wohnsitz aufzuschlagen, so ist kein Samländer zu bewegen, den Pflug zu führen durch den heiligen Wald von Romove. Durch die Fremden erst lernt das staatlose Volk die schweren Opfer und Lasten wirklichen politischen Lebens kennen, die Preußen müssen Burgen bauen, Landwehrdienste leisten wider die Stammgenossen. Aus dem schleichenden Grolle der Knechtschaft bilden sich neue, unholde Züge in dem harmlosen Volkscharakter. „Ein Preuß seinen Herrn verriet", sagt das deutsche Sprichwort. Kein Preuße darf dem Deutschen einen Humpen reichen, er habe denn selbst zuvor daraus gekostet. In den Sommernächten des Jahres 1261 geht ein geheimnisvolles Leben durch die preußischen Wälder, ein Oberpriester erscheint unter den verschworenen Heiden, aus den Kronen der Eichen verkündet die Stimme der alten Götter, daß die Stunde der Rache geschlagen. An der Spitze der Bewegung stehen preußische Edle, gebildet in deutschen Klosterschulen, deutscher Mannszucht gewohnt und bereit, den

Herrn mit seinen eigenen Waffen zu schlagen. Da ladet der wilde Ordensvogt auf Lenzenberg am frischen Haff eine Schar verdächtiger preußischer Edlen zu sich, zündet die Burg über ihren Häuptern an. Die erbitternde Kunde fliegt durch die Lande, im September steht das gesamte Volk in Waffen, verbrennt die Ordensburgen, erschlägt die Bauleute. Eine ungeheure Gefahr, furchtbarer als jene der Vernichtung durch die Tataren, welcher das Land zwanzig Jahre zuvor durch ein glückliches Ungefähr entrann! Soeben erst ist der livländische Meister von den Litauern aufs Haupt geschlagen, Kurland hat sich befreit, und die wendischen Fürsten im Westen senden bereitwillig Hilfe wider die verhaßten Deutschen. Alle Greuel der vergangenen Kriege verschwinden gegen das Entsetzen dieses Kampfes. Es geschieht, daß der gefangene deutsche Herr in dreifacher Eisenrüstung dem Donnergotte zum Opfer verbrannt wird, oder daß die Heiden ihm den Nabel an einen Baum nageln und ihn dann mit Peitschenhieben um den Stamm treiben, bis der ausgeweidete Leib zusammenbricht.

Nach zehn Jahren, da die deutsche Herrschaft nahezu vernichtet ist, kommen dem Orden wieder Tage des Siegs durch den entschlossenen Landmarschall Konrad von Thierberg, von dem wir leider nur den Namen kennen, und nach abermals zehn Jahren ist unter Mordbrand und Verwüstung die Herrlichkeit der Deutschen hergestellt. Denn zwar Zucht und Waffengewandtheit haben die gelehrigen Barbaren von dem überlegenen Sieger gelernt, doch nicht das Eine, Entscheidende — die einheitliche Leitung des Krieges in allen Gauen. Am längsten währt der Kampf in der südöstlichen Landschaft Sudauen, wo an Seen und in ungeheuren Wäldern ein wohlhabendes Volk gesessen war, mit zahlreichem berittenem Adel, abgehärtet in der Jagd auf Auerochs, Bär und Elen. Endlich (1283) verheert der letzte Sudauerhäuptling Skurdo mit den Getreuen seine Heimat und zieht hinüber zu den Heiden nach Litauen. Sein Fluch ist der

Stätte geblieben: die große Wildnis von Johannisburg erstreckt sich heute, wo einst die reichen Dörfer des Heidenvolkes standen. So, nach einem halben Jahrhundert, mit dem Chronisten zu reden, beugen die letzten der Preußen „ihren harten Nacken dem Glauben und den Brüdern", um dieselbe Zeit, da auch Kurland dem Orden wiedergewonnen wird.

Belehrt durch diese furchtbare Erfahrung beginnt der Orden nunmehr eine neue, härtere Politik gegen die Unterjochten. War er bisher gepriesen als „des Christenglaubens Mehrung, Mauer und starker Friedensschild", so verdient sich jetzt Preußen den Namen des neuen Deutschlands. Durch zahlreiche neue Burgen wird die Eroberung gedeckt, vornehmlich das Samland, das wichtige Verbindungsglied zwischen den Nord= und Süd= provinzen. Das gesamte Recht der Preußen ist verwirkt durch die Empörung. Keine Friedensschlüsse mehr, wie sonst, mit den Besiegten, sondern Unterwerfung und Begnadigung, deren Bedingungen sich lediglich richten nach dem Grade der Schuld und nach militärischen Gesichtspunkten. Der größte Teil des preußischen Adels wird in den Stand der Unfreien hinab= gestoßen, die deutschen Bauern dagegen und die treu gebliebenen Preußen, auch die unfreien, mit reichen Vorrechten bedacht. Ganze Dorfschaften versetzt der Orden in Gegenden, wo sie minder gefährlich scheinen. Die letzten der Sudauer müssen den Götterwald Romove im Samlande roden, den kein Sam= länder zu berühren wagt, und die Stätte heißt noch heute der sudauische Winkel. So wird aller Zusammenhang der alten Stände und Landschaften zerschnitten, und wenige vereinzelte Aufstände lassen sich leicht ersticken. Wie der gesamte Ordens= staat uns erscheint als eine verspätete Mark, nach karolingischer Weise auf Eroberung gerichtet, so dienen auch die Pflichten, welche er den Unterworfenen auferlegt, diesem höchsten Zwecke des Staats. Nicht gar schwer sind die bäuerlichen Lasten, all= gemein aber die drückende Pflicht, dem Orden zur Landwehr

und auf seinen Reisen Heerfolge zu leisten. Nur die deutschen „Kölmer" und sehr wenige getreue Preußen werden von dem verhaßten Kriegsdienste außer Landes, dem Reisen, entbunden, aber auch sie müssen aufstehen für das „Vaterland", müssen „zujagen", wenn das „Kriegsgeschrei" durch das Land geht und den Einfall des Feindes verkündet. Nach der streng zentralisierenden Art militärischer Staaten werden diese Pflichten des Landvolks gleichmäßig geordnet über das ganze Land. Kein deutscher Grundherr darf seine Hintersassen mit anderen Rechten beschenken als jenen, deren die Leute des Ordens genießen. Damit das Bewußtsein unbedingter Abhängigkeit rege bleibe, stellt der Orden, der alleinige Eigentümer des Landes durch jene Schenkung des Papstes, den Preußen fast niemals Urkunden aus über ihren Landbesitz. Doch diese feste Ordnung allein konnte nicht genügen. Es bedurfte neuer, stärkerer Einwanderung deutscher Bauern, die nun erst in ausgedehntem Maße begann. Jetzt erst verlieren die jungen Städte den dörflichen Charakter, neue Städte entstehen. Zur selben Zeit, da im Reiche Kaiser und Fürsten verblendet die Freiheiten der rheinischen Bürger bekämpfen, gewährt der Orden seinen Städten freie Bewegung. Er darf es, denn das Recht des Staates bleibt gewahrt, die Autonomie wird nicht gestattet, jede Änderung der städtischen Ordnungen muß der Ordensvogt bestätigen.
Nicht minder herrisch stellte sich der Orden zu der Macht der Kirche. Als eine geistliche Genossenschaft gebot er nicht nur über jene Fülle von geistiger Kraft und politischer Erfahrung, welche die Kirche zur ersten Kulturmacht des Mittelalters erhob. Ihm blieb auch der aufreibende Kampf mit der Kirche erspart. Überall sonst war sie der Herr oder der feindliche Nachbar, in Preußen allein ein Glied des Staats; überall sonst vermittelte der Klerus die Verhandlungen der Staatsgewalt mit dem Römischen Stuhle, der preußische Geistliche verkehrte nur durch den Orden mit dem Papste. Auch hier gereichte dem

Ordenslande zum Segen, daß in diesem Staate nichts zu spüren ist von jener mit Unrecht gepriesenen organischen Entwickelung des mittelalterlichen Lebens. Ein durchgreifender Wille vielmehr ordnete die Dinge gleichsam aus wilder Wurzel. Ein Drittel des Landes ward den vier Bistümern als Eigentum gegeben, doch auch für dieses galten die Landesgesetze über das Recht der Bauern und der Städte, sowie die allgemeine Landwehrpflicht. Jede weitere Erwerbung von Grund und Boden war der Kirche untersagt. Das Erzbistum der Ordenslande blieb in Riga, man hielt diese gefährliche Macht, die an der Düna noch Herrschaftsrechte beanspruchte, weislich aus Preußen entfernt. Wie der Orden in seinem Innern alle kirchlichen Funktionen durch seine eigenen Brüder vollzog, so war er auch oberster Patron in seinen Landesteilen und übte selbst in dem bischöflichen Drittel das Visitationsrecht. Noch mehr: außer in Ermeland wurden alle Bistümer und Domkapitel mit den geistlichen Brüdern des Ordens selbst besetzt. Daher die geschlossene Einheit dieses Staates, daher die Treue des Klerus gegen den Orden selbst in dessen Kämpfen wider Rom. Denn, natürlich, sobald der Orden, in Preußen wahrhaft heimisch geworden, die steilen Bahnen weltlicher Staatskunst ging, entschwand ihm sofort die alte Gunst der Kurie. Der Römische Stuhl begegnete der zum weltlichen Landesherrn gewordenen geistlichen Genossenschaft nunmehr mit jener vollkommenen, frivolen Freiheit des Gemüts, worauf überhaupt Roms Stärke allen weltlichen Gewalten gegenüber beruht: der Ordensstaat war dem Papste fortan, wie jeder andere Staat, nur ein gleichgültiges Mittel in den wechselnden Kombinationen geistlicher Politik.

Freilich war mit dieser unerhörten geistlichen Machtfülle des Ordens zugleich die Unmöglichkeit einfacher Weiterbildung seines Staates gegeben; denn wo Staat und Kirche beinahe zusammenfielen, war jede Besserung des Staates undenkbar ohne gänzliche Umwandlung des religiösen Lebens. Vorderhand aber vollendeten die kraftvolle Einheit der Staatsgewalt und die Wucht der deutschen Einwanderung die rasche Germanisierung des Landes. Nicht eine Vermischung der Deutschen mit den Preußen vollzog sich, vielmehr eine Verwandlung der Ureinwohner. In der Fülle des rings aufsprießenden deutschen Lebens erstickten die letzten Triebe preußischer Sprache und Sitte. Schon zu Anfang des vierzehnten Jahrhunderts herrschte die Sprache des Eroberers, dem Deutschen war verboten, mit seinem Gesinde Preußisch zu reden. Fünfzig Jahre darauf, da ein preußischer Sänger auf einem Hoftage zu Marienburg unter die Spielleute der Deutschen trat, schenkten ihm die lachenden Ritter hundert falsche Nüsse, denn „niemand hat verstanden den armen Prüsse". Noch im sechzehnten Jahrhundert mußten in einzelnen Kirchen Tolken, Dolmetscher, der Gemeinde die deutsche Predigt erklären; ja, in tiefgeheimer nächtlicher Versammlung schlachtete da und dort noch ein Heidenpriester den Bock zu Ehren der alten Götter, und Matthäus Prätorius fand sogar zweihundert Jahre später einzelne kirchenfeindliche, an altem Wunderglauben hangende Fischer, die ihm als „rechte alte preußische Heiden" erschienen. Doch seit Luthers Tagen verhallten allmählich die letzten Laute der preußischen Sprache. Nur das zähere Volkstum der Litauer in Schalauen und Nadrauen hat sich noch heute sein heimisches Wesen bewahrt: noch heute lebt die schöne liederreiche Sprache, die Männer tragen noch den Bastschuh, die Mädchen die reichgeschmückte blaue Kasawaika.

So ward das Weichseltal in die Geschichte eingeführt und das neue Deutschland gegründet – trotz aller politischen und militärischen Gemeinschaft im schroffsten Gegensatze zu der Eroberung der Länder am Dünabusen. Fassen wir in wenigen Sätzen die Charakterzüge der Kolonisation Preußens und der heutigen russischen Ostseeprovinzen zusammen, welche allein schon den Abstand ihrer späteren Geschichte erklären. Preußen ward germanisiert, doch in Kurland, Livland, Estland lagerte sich bloß eine dünne Schicht deutscher Elemente über die Masse der Urbewohner. Zur See, in geringen Scharen, kommen die Deutschen ins Land, finden ein litauisch-finnisches Mischvolk, das den Fürsten von Polozk Zins zahlt, treten an die Stelle dieser fremden Herren und verteilen den Boden an den Orden, die Kirche, eine geringe Zahl von Kreuzfahrern und an das Patriziat der wenigen Städte. — So trug diese Pflanzung von vornherein einen einseitig aristokratischen Charakter. Von deutschem Bauerntum nur geringe Spuren, um so schwächer, je weiter nach Osten. Eigentümliches bürgerliches Leben entwickelte sich allein in Riga, Dorpat, Reval; die anderen Städte blieben stille Landstädte, ganz Kurland besaß keine einzige Stadt von selbständiger Bedeutung.

Noch ein anderes hochwichtiges Verhältnis lag günstiger im Westen. Preußen war eine Kolonie des gesamten Deutschlands. Seine Städte sind Pflanzungen der Osterlinge, daher, wie überall in der Hanse, die Sprache ihrer Gemeindebücher und Handelsbriefe niederdeutsch, die Silberwährung Nordeuropas alleinherrschend, der Handel streng beschränkt auf die den Niederdeutschen vorbehaltenen nordischen Gebiete, der ganze Zug des bürgerlichen Lebens kühner zugleich und roher als in den oberdeutschen Städten, die mit den köstlichen Waren der Mittelmeerlande auch die Wissenschaften und Kunstsitten des Südens, die Lust an Wandgemälden und zierlichen Brunnen über die Alpen bringen. Auch die bäuerlichen Einwanderer kommen vornehmlich aus dem Norden, finden in Preußen die Marschen und Deiche der Heimat wieder. In dem herrschenden Stande jedoch, im Orden, überwiegen die Oberdeutschen; denn die Einwanderung geht über Land, und der süddeutsche Ritter verzichtet gern auf weitere Fahrt gen Osten, da er in Preußen schon kriegerische Arbeit in Fülle findet. Daher ist die Amts-

sprache des Ordens in Preußen ein allen verständliches Mittel=
deutsch. Livland dagegen war wesentlich norddeutsche Pflan=
zung; der deutsche Eroberer wird noch heute von den Letten
als Sachse bezeichnet. Dorthin gelangen die Niederdeutschen,
namentlich Westfalen, auf den Schiffen der Hanse, zumeist über
Lübeck. Im fünfzehnten Jahrhundert wird der Eintritt in den
livländischen Zweig des Ordens den Norddeutschen allein vor=
behalten, und seitdem begegnen uns unablässig in den Reihen
der Ordensgebietiger die westfälischen Geschlechter der Pletten=
berg, Kettler, Mallinkrodt. Die plattdeutsche Sprache be=
herrscht das Land ausschließlich, bis Luthers Bibel dem Hoch=
deutschen auch hier die Bahn bricht; noch am Ende des
sechzehnten Jahrhunderts schreibt Balthasar Rüssow von Reval
seine Chronik niederdeutsch. — Dazu tritt ein vierter ein=
schneidender Unterschied. Während in Preußen der Orden auf
eine beinah moderne landesherrliche Machtfülle sich stützt,
werden die östlichen Länder von mittelalterlicher Anarchie zer=
rissen. Der provisus des Ordens, der Erzbischof von Riga,
beansprucht das Gericht über die deutschen Herren, ruft zu=
weilen selbst die litauischen Heiden zu Hilfe, beschützt die miß=
handelten Letten wider die Deutschen. Nicht minder trotzig ge=
bärden sich die drei großen Städte; oftmals tobt blutiger Kampf
um die Wälle des Wittensteen, der Feste, die der Orden zur
Bändigung Rigas erbaute. Nachher erwacht das Selbstgefühl
der ländlichen Vasallen; Erzbischof und Orden, Stiftsadel und
Ordensadel, Bürgertum und Ritterschaft schwächen einander
in sozialen Kämpfen.

Also hat unser Volk auf enger Stätte jene beiden Haupt=
richtungen kolonialer Politik vorgebildet, welche später Briten
und Spanier in den ungeheuren Räumen Amerikas mit ähn=
lichem Erfolge durchführten. Bei dem unseligen Zusammen=
prallen tödlich verfeindeter Rassen ist die blutige Wildheit eines
raschen Vernichtungskrieges menschlicher, minder empörend als

jene falsche Milde der Trägheit, welche die Unterworfenen im Zustande der Tierheit zurückhält, die Sieger entweder im Herzen verhärtet oder sie hinabdrückt zu der Stumpfheit der Besiegten. Ein Verschmelzen der Eindringlinge und der Urbewohner war in Preußen unmöglich, wo weder das Klima des Landes noch die Kultur der Bewohner dem Deutschen irgendeine Lockung bot und die Unfähigkeit des Volkes zu nationalem Staatsleben, sogar den Slawen gegenüber, klar am Tage lag. Ein menschliches Geschenk daher, daß nach der Unterjochung der Herr dem Diener seine Sprache gab, ihm so den Weg eröffnete zu höherer Gesittung. Weit tiefer als die Preußen standen das Lettenvolk und die finsteren finnischen Esten — zerstückt in Kleinstaaten, mit wenig entwickeltem Gemeindeleben, in der eintönigen Öde ihrer Wiesen und Sümpfe und Nadelwälder nicht mehr vertraut mit dem üppigen Wuchse der Eiche und der freudigen königlichen Jagd auf den Hirsch, die Preußens milderes Klima noch kennt. Diese wenig bildungsfähigen Völker mit deutscher Sprache und Bildung zu befreunden, war bei den anarchischen Zuständen des Landes, bei der geringen Zahl der Deutschen unmöglich. Der Sieger hält die Unterworfenen dem deutschen Wesen fern; ihm genügt es, wenn der Este den harten Frondienst, den Gehorch leistet. Der undeutsche „Wirt", dem der deutsche Grundherr ein dienstpflichtiges Bauerngut, ein „Gesinde", zuweist, ist leibeigen; Läuflingseinungen unter den Herren verhindern das Entweichen der Mißhandelten. So erhält sich hier zähe das unberechtigte Volkstum eines Volks von Knechten, während der preußische Bauer mit der deutschen Sprache allmählich auch die Freiheit des Deutschen gewinnt. In den großen Städten entstehen einzelne stattliche Unterrichtsanstalten, so schon ums Jahr 1300 die ehrwürdige Domschule von Reval; doch das undeutsche Volk wird den Quellen der Bildung fern gehalten. Unter tausend Bauern, klagt Balthasar Rüssow, kann kaum einer das Vaterunser hersagen. Die Kinder schreien, die Hunde verkriechen sich, wenn ein Deutscher die raucherfüllte Hütte des Esten betritt. In den hellen Nächten des kurzen hitzigen Sommers sitzen dann die Unseligen unter der Birke, dem Lieblingsbaume ihrer matten Dichtung, und singen hinterrücks ein Lied des Hasses wider den deutschen Schafsdieb: „Bläht euch auf, ihr Deutschen, vor allen Völkern der Welt; nichts behagt euch bei dem armen Estenvolke; darum hinunter mit euch zur tiefsten Hölle." Jahrhundertelang hat solcher Haß der Knechte, solche Härte der Herren angehalten; erst in der Zeit der russischen Herrschaft entschloß sich der deutsche Adel, den Bauern von der Schollenpflichtigkeit zu befreien. — An diesem Gegenbilde ermessen wir, was die Germanisierung von Altpreußen bedeutet.

Kaum war Preußens Unterwerfung vollendet, so richtete der Orden seine Pläne auf das Land westlich der Weichsel, das von polnischen Vasallen beherrschte Pomerellen. Nicht bloß die ruhelose Natur des Militärstaats, sondern ein ernsteres politisches Bedürfnis trieb den Orden in diese Bahn. Mit der zunehmenden Bebauung des Landes hörte die Weichsel auf, eine natürliche Grenze zu sein, und ohne unmittelbare Verbindung mit der starken Wurzel ihrer Macht, mit Deutschland, konnte die junge Kolonie nicht bestehen. Am glücklichsten freilich für Deutschland, wenn der Orden es verstanden hätte, in stetigem Bunde mit der anderen Nordost-Mark des Reichs, mit Brandenburg, das Werk der Germanisierung hinauszuführen. Aber einen so weiten Horizont umfaßt der politische Blick eines mittelalterlichen Territoriums nicht. Schon damals allerdings griffen die Geschicke dieser beiden, durch mächtige Interessen natürlich verbundenen Marken ineinander ein, doch nur insofern, als sie sich ablösten im Vorkampfe gegen die Völker des Ostens. Sobald die Macht der Askanier in der Mark zerfällt, tritt der Orden gewaltig vor die Bresche der deutschen Kultur, und wieder nach dem Siege der Polen in Preußen erhebt sich

das Haus Hohenzollern und ordnet das zerrüttete Brandenburg. Zunächst begegneten sich die Askanier und die deutschen Herren sogar in offener Feindschaft. Schon längst nämlich hatte der Orden mit jener Feinheit diplomatischer Kunst, welche die Aristokratien aller Zeiten auszeichnet, kleine Landstriche Pomerellens friedlich erworben. Gleich Rom wußte er die geistlichen Nöte der Menschen als Hebel seiner weltlichen Macht zu nutzen. Manch geängstetes Christenherz erkaufte sich das Heil der Seele durch Schenkungen an die Gottesritter. Als König Waldemar der Däne die gelobte Kreuzfahrt in das Heilige Land unterlassen mußte, sühnte er die Schuld durch ein reiches Geldgeschenk an die deutschen Herren. Anderwärts förderte den Orden die wirtschaftliche Überlegenheit der Deutschen inmitten des sorglosen Leichtsinns der Slawen. Seine treffliche Verwaltung, geleitet nach jenen Grundsätzen orientalischer Finanzkunst, welche auch Venedig und Neapel mit Glück anwendeten, bot ihm Schätze baren Geldes — eine furchtbare Macht in diesen Tagen der Naturalwirtschaft. Bald löst er einen wendischen Fürsten aus der Kriegsgefangenschaft, bald bezahlt er einem Wedell seine Schulden oder schenkt einem Bonin einen Streithengst und 50 Mark Pfennige — und erhält in reichem Landbesitz den Lohn der guten Tat. Endlich naht die willkommene Stunde, diese zerstreuten Güter westlich der Weichsel zu einer stattlichen Provinz abzurunden.
Nach dem Aussterben der pomerellischen Herzöge bestreiten die Polen das unzweifelhafte Recht der Markgrafen von Brandenburg auf das verwaiste Herzogtum. König Wladislaw von Polen ruft den Orden zu Hilfe, um die Askanier aus Danzig zu vertreiben. Der Orden wiederholt die alten kühnen Ränke, verjagt die Brandenburger (1308) — aber auch die Polen, und verlangt von Polen für dies Werk der Befreiung eine unerschwingliche Entschädigung. Als Polen sie zu zahlen verweigert, kauft der Orden den Brandenburgern ihre Ansprüche auf

Pomerellen ab (1311), vertreibt alle polnisch Gesinnten, organisiert das Herzogtum zwischen Weichsel und Leba als Ordensland und gewinnt die Gunst der Bauern, indem er die unmenschlichen slawischen Frondienste erleichtert. So tritt zu den längst blühenden Städten, der alten Landeshauptstadt Kulm, der festen Elbing und der schönen Thorn, die reiche Danzig hinzu. Diese alte slawisch-dänische Ansiedelung, erst seit kaum hundert Jahren von einigen Deutschen bewohnt, wächst unter der Ordensherrschaft mit wunderbarer Lebenskraft empor. Eine Ordensburg erhebt sich an der Stelle des slawischen Herzogsschlosses, und neben der Altstadt und dem slawischen Fischerviertel, dem Hakelwerke, entsteht, beide rasch überflügelnd, die deutsche Jung-Stadt Danzig, reich begnadigt von dem neuen Landesherrn.

Durch diese verwegene Erwerbung mußte der oft gereizte Haß der Polen endlich zum Losschlagen gedrängt werden. Und schon hatte sich dem Orden im Osten ein zweiter, schrecklicherer Feind erhoben, das wilde Litauervolk, das damals, auf dem Gipfel seiner Macht, die Lande bis Kiew und Wladimir beherrschte. Ein ruheloses Grenzerleben war das Los der Deutschen ostwärts von Königsberg. Wartleute des Ordens, unterhalten durch das schwere Wartgeld der Umwohner, stehen in den kleinen Festen und Wachthäusern der weiten Grenzwildnis, die das Ordensland gegen die Barbaren deckt. Mehrmals im Jahre ertönen die warnenden Signale der Ordensleute. Dann retten sich Weiber und Kinder in die Fliehhäuser des Ordens, und die Landwehr rückt aus. Lärmend sprengen die Feinde heran auf ihren kleinen Gäulen, sengen und verwüsten, führen alles Lebendige hinweg in die Eigenschaft, als willkommene Ackerknechte in ihre entvölkerte Heimat. Dies die unwandelbare Kriegskunst der Barbaren des Ostens, die noch Peter der Große gegen die Deutschen geübt hat. — Auch diese Feindschaft war eine notwendige. Denn nimmermehr konnten die Heiden

einen Nachbarn dulden, dem das Gesetz die Pflicht des ewigen Heidenkampfes auferlegte; und noch minder durfte der Orden von diesem Gesetze lassen, solange die litauische Provinz Samaiten sich als ein trennender Keil zwischen Ostpreußen und Kurland einschob, ja sogar den deutschen Küstensaum zerriß. —
Also von Feinden umringt sah der Orden zu Anfang des vierzehnten Jahrhunderts ein neues Unheil nahen. Verlassen standen die Ritterorden in der zur monarchischen Ordnung heranreifenden Zeit. Als ein Satrap der neuen Monarchie von Frankreich betrieb Papst Clemens V. zu Avignon die Vernichtung der Templer. Die Johanniter, von ähnlichen Anschlägen bedroht, verstärkten sorglich ihre Macht durch die Eroberung von Rhodus. Auf die Klage des aufsässigen Erzbischofs von Riga schleuderte jetzt der Papst den Bann wider die deutschen Herren, drohte „die Dornen des Lasters auszureuten aus dem Weinberge des Herrn".
Ein staatsmännischer Gedanke rettete den Orden aus dieser Gefahr. Er beschloß — was seit langem die Eifersucht der Ritter verhindert —, den Schwerpunkt seiner Macht, den Hochmeistersitz, nach Preußen zu verlegen. Denn bereits hundert Jahre nach seiner Gründung war, vornehmlich durch die Zuchtlosigkeit der beiden andern Ritterorden, die letzte Feste der Lateiner im Oriente, das Ordenshaupthaus Akkon, in die Hände der Ägypter gefallen (1291). Seitdem hatten die Hochmeister, in Hoffnung auf einen neuen Kreuzzug, zu Venedig Hof gehalten. Aber wie konnte Eine Stadt die Häupter zweier mißtrauischer hochstrebender Aristokratien auf die Dauer beherbergen? Von den sieben Säulen, welche, nach dem alten Ordensbuche, das Hospital von St. Marien stützten, waren gefallen oder ins Wanken gekommen Armenien, Apulien und Romanien. In Alemannien und Österreich war der Orden nur ein reicher Grundbesitzer, bot den nachgeborenen Söhnen

des Adels eine warme Herberge; und schon verspottete der Volkswitz das träge Zeremonienwesen am Hofe des Deutschmeisters: „Kleider aus, Kleider an, Essen, Trinken, Schlafen gahn, ist die Arbeit, so die deutschen Herren han." Der Landmeister von Livland endlich teilte seine Macht mit der Kirche. Nur in Preußen besaß der Orden unbeschränkte Staatsgewalt. Marienburg also sollte der neue Hochmeistersitz werden — eine glücklich gewählte Hauptstadt, im Westen das noch ungesicherte Pomerellen beherrschend, in leichter Verbindung mit Deutschland und der See, etwa gleichweit entfernt von Thorn und Königsberg. Als der Hochmeister Siegfried von Feuchtwangen in Marienburg einzog (1309) und die Pflichten des Landmeisters in Preußen selber übernahm, da war entschieden, daß der Orden der verlebten Romantik orientalischer Kreuzfahrt den Rücken wandte und allein dem Ernste seines zukunftreichen staatlichen Berufes leben wollte.

Und alsbald bewährte sich, welche nachhaltige Kraft dem Orden aus seiner weltlichen Gewalt erwuchs. Trefflich unterrichtet durch die ganz moderne Einrichtung einer ständigen Gesandtschaft bei der Kurie, den Ordensprokurator, wußte der Hochmeister, daß Rom seine Schafe nicht ohne die Wolle weide, beschwichtigte eine Weile den päpstlichen Zorn durch das bewährte Mittel der Handsalbe und zog endlich selbst gen Avignon, wo er bald erfuhr, daß der Staat der deutschen Herren sicherer stehe als die staatlosen Templer. Als später der Orden nach seiner keck zugreifenden Art über die polnischen Bischöfe in Pomerellen dieselben gestrengen Rechte in Anspruch nahm, deren er in Preußen genoß, als er gar der Kurie den Fischzug des Peterspfennigs verbot, da war bereits das preußische Volk selbst erfüllt von dem Rationalismus kolonialer Völker und dem Trotze der deutschen Herren. Die Stände des Kulmerlandes verweigerten den Peterspfennig, und das mit dem Interdikte belegte Land „ließ sich sein Brot und Bier darum nicht schlechter schmecken."

Nicht minder glücklich verfuhr der Orden gegen Polen. Alle Lebensbedingungen beider Staaten, die innerste Natur beider Völker drängten zum Kriege. Eben jetzt erwachte in Polen wieder ein starkes nationales Bewußtsein. Der Erbe der polnischen Krone freite die Erbtochter von Litauen, und das werdende große Ostreich stiftete, als ein Symbol seiner verwegenen Ansprüche, den Orden vom weißen Adler. So drohte zum ersten Male die — vorderhand noch durch ein freundliches Geschick beseitigte — Gefahr der polnisch-litauischen Union, welche hundert Jahre später sich vollziehen und den Orden in das Verderben reißen sollte. König Kasimir der Große war persönlich den Deutschen wohl geneigt, er förderte ihre Einwanderung in seine Städte, aber der nationalen Leidenschaft seines Adels vermochte er auf die Dauer nicht zu widerstehen: er verbot den Städten den Rechtsgang nach Magdeburg, gründete einen polnischen Gerichtshof zu Krakau. Unaufhörlich mahnte der polnische Adel die Krone zum Kriege gegen die deutschen Herren. Wie sollte er dulden, daß die Deutschen seinem Reiche zu der Weichselstraße auch noch das letzte Stück der Küste raubten? Wie sollte der polnische Woiwode ertragen, daß jetzt auf altpolnischem Boden der Ordensvogt den Starosten die Karbatsche aus der Hand nahm, die sie gewohnt waren über ihren Frönern zu schwingen? daß der deutsche Herr als einen plumpen Bauer den polnischen Edlen verlachte, der es doch so trefflich verstand, den Schuh vom Fuße seiner Schönen zu ziehen, ihn mit Met zu füllen und in einem Zuge zu leeren? daß, mit einem Worte, der strenge Staat, die milde Sitte der Deutschen die zuchtlose Roheit des Slawentums verdrängten? — An dreißig Jahre währte der oft unterbrochene Krieg, oftmals schwankte die Entscheidung. In dem blutigen Kampfe bei Plowcze war das Ordensheer der Auflösung nahe, als der Vogt von Pomesanien, Heinrich von Plauen, die Schlacht wiederherstellte. Der Kalischer Frieden (1343) brachte endlich den Deutschen vollständigen Sieg: Polen verzichtete auf Pomerellen und einige Grenzlande — darunter ein guter Teil des weitgerühmten Weizenlandes Kujavien zwischen Weichsel und Netze. Während des ganzen Kampfes stand Rom mit seinen geistlichen Waffen den Polen zur Seite. Um so fester schloß sich der Orden an das Reich, dessen er in seinen frohen Tagen nur zu oft vergaß. Eben jetzt unter Kaiser Ludwig dem Bayer lebte der alte Streit zwischen Staat und Kirche als ein Prinzipienkrieg wieder auf. Ghibellinische Schriftsteller eröffneten den Federkrieg wider Rom, unsere Kurfürsten behaupteten wider Frankreich und seinen Knecht, den Papst, mannhaft die Freiheit der Kaiserwahl, und, zum ersten Male im Schoße der Kirche, ward von den Minoriten der Satz verfochten: das Konzil steht über dem Papste. In diesem großen Kampfe nahm der Hochmeister offen Partei für den Kaiser als „sein Fürst und Geliebtester des Reichs".

So hatte die weltliche Staatskunst der geistlichen Genossenschaft ihrem Gebiete eine gesicherte Abrundung erobert. Dieselbe weltliche Politik bewog den Hochmeister Werner von Orselen, in diesen Tagen (1329) die alten Statuten der bescheidenen Hospitalbrüderschaft nach den kühneren Gesichtspunkten der baltischen Großmacht abzuändern — soweit die zähe Bedachtsamkeit kirchlicher Sitten dies zulassen mochte. Nach dem Siege über Polen wird auch das Drohen der Litauer minder gefährlich. Als Angreifer tritt nun der Orden den Völkern des Ostens gegenüber und steigt in wenigen Jahrzehnten zur Sonnenhöhe seines Ruhms empor. Nach Orselen besteigt eine Reihe begabter Männer den Meisterstuhl, so der sangeskundige Luther von Braunschweig, Dietrich von Altenburg und — vor allen — Winrich von Kniprode. Vom Niederrhein gebürtig, ein freudiger Rittersmann von Grund aus und doch ein kalt erwägender Staatsmann, war er den Ideen seiner Zeit insoweit untertan, als es nötig ist, um groß in der Zeit zu wirken, doch weltlich heiterer, freier im Gemüte als die meisten der Zeitgenossen – mit einem Worte, gleich Frankreichs viertem Heinrich, eine jener frohen, prachtliebenden, siegreichen Fürstengestalten, an deren Namen die Völker die Erinnerung ihrer goldenen Zeiten zu knüpfen lieben. Unter ihm – in den Jahren 1351 bis 1382 – wird der Ordensstaat in Wahrheit eine Großmacht, zugleich, wie ein Jahrhundert später Spanien, der Mittelpunkt und die hohe Schule der lateinischen Ritterschaft.

In der Tat, nur durch die Strenge einer heiligen Genossenschaft, durch den Ernst großer staatlicher Aufgaben konnte das verfallene Rittertum der Zeit wieder geadelt werden. Längst verflogen waren in diesen Tagen kirchlichen Haders die religiöse Wärme des früheren Mittelalters; nicht die Begeisterung des Christen, nur phantastische Abenteuerlust führte jetzt noch Reisige in die Heere der Kreuziger. Auch jene naive, derbe Rauflust suchen wir vergeblich, die, nach dem hochgemuten Reiterspruche, „kühn und munter, fromm mitunter" sich durch eine Welt von Feinden schlägt. Nein, einen künstlich verfeinerten, einen epigonenhaften Charakter trägt jenes vielgerühmte zweite Rittertum, das nach der wüsten Verwilderung der kaiserlosen Zeit im vierzehnten Jahrhundert sich wieder erhebt. Schon beginnt das Volk, seine politischen Ideale sehnsüchtig in der Vergangenheit, in der Stauferzeit zu suchen, und bescheiden gesteht der Dichter: „Die weisen meister habent vor den wald der kunst durchhauwen." Fällt es der Harmonie und Tiefe der modernen Empfindung ohnehin gar schwer, warmen Anteil zu nehmen an den jähen Sprüngen, ja – sagen wir nur das allein zutreffende Wort – an der zerfahrenen Liederlichkeit des Seelenlebens mittelalterlicher Menschen: so erschrecken wir geradezu vor der Herzenskälte und Armut dieses zweiten Rittertums. In bewußter Nachahmung vergangener Zeiten werden die Frauen wieder schwärmerisch verehrt von Rittern, deren schamlose Tracht und wüstes Leben häßlich absticht von den zierlich gesetzten Worten. An den Aben=

teuern der alten Heldenbücher erhitzen sich die Köpfe, während der kindliche Wunderglaube längst entschwunden ist. War der Adel einst begeistert in den Kampf gezogen für die erhabenen Pläne kaiserlicher Staatskunst, so irrt jetzt der deutsche Ritter planlos, würdelos umher, prahlerisch nach Abenteuern suchend von Ungarn bis zum spanischen Maurenlande. Dem deutschen Adel am mindesten wollte dies phantastische Treiben zu Gesicht stehen. Freilich auch in der guten Zeit des echten Rittertums war unser Volk in die Schule gegangen bei den Welschen, doch bald hatte es seine Stauferkaiser, seinen Walther von der Vogelweide den größten Helden und Sängern der Romanen kühnlich an die Seite gestellt. In der furchtbaren Verwirrung aber des vierzehnten und fünfzehnten Jahrhunderts bot Deutschland nur Raum für nüchterne prosaische Fürsten, die mit dem Bürgertum zu rechnen wußten. Fremd, fast schwächlich erscheint die adlige Gestalt Friedrichs des Schönen von Österreich neben dem schwarzen Prinzen, roh und krämerhaft neben den Helden der englisch-französischen Kriege jene österreichische Ritterschaft, die ihrem Könige gewissenhaft jedes auf der Kriegsfahrt verlorene Hufeisen in Rechnung stellt.

Preußen allein von allen deutschen Landen darf sich in dieser Zeit an ritterlichem Glanze dem Westen vergleichen. Denn nicht lediglich leere Schlaglust, das innerste Lebensgesetz des Militärstaats vielmehr trieb den Orden in die Litauerkriege. Meisterhaft verstanden die besseren seiner Meister, dem Orden selbst die Strenge der geistlichen Zucht zu bewahren, die Wappenspielerei der neuen Zeit ihm fern zu halten und dennoch die phantastischen Neigungen des neuen Rittertums für seine Zwecke zu benutzen. „In Preußen da ward er zu Ritter", war lange der beste Ruhm des christlichen Edlen, und stolz trug der Preußenfahrer sein Lebtag das schwarze Kreuz. Auch Könige rechneten sich's zur Ehre, wenn der Orden sie aufnahm unter seine Halbbrüder, und kein höheres Lob weiß der alte Chaucer von seinem ritterlichen Pilger zu sagen als dieses: in Littowe hadde he reysed and in Ruce. Es war der Ehrgeiz jener Tage, dort im Osten mit dem Kriegsruhm der Eroberer des Heiligen Grabes zu wetteifern; der flandrische Ritter Gilbert de Lannoy, der uns in einem treuherzigen Tagebuche la reyse de Prusse geschildert hat, nennt die mécréans de Lettau zuweilen geradezu „Sarazenen". „Durch Gott, durch er, durch ritterschaft" zogen aus allen Ländern Europas junge Degen herbei, auf der Kriegsreise in Litauen die goldenen Sporen sich zu verdienen. Vom Morgen bis zum Mittag wehte dann vor einer feindlichen Burg die Ordensfahne im Christenlager; und fand sich keiner auf des Herolds Ruf, den Neulingen den Ritternamen im Zweikampf zu bestreiten, so gab ihnen der Meister Sankt Görgens Segen. Aber auch bewährte Ritter fuhren gen Preußen zum Dienste unserer Frauen. Wir finden unter den Gästen nicht nur den Don Quijote dieser donquijotischen Zeit, den Franzosen Boucicaut, sondern auch den kalten Rechner, Graf Heinrich von Derby-Bolingbroke, der später im verschlagenen Ränkespiel den Thron der Lancaster gründete. Einmal weilten zwei Könige zugleich am Hofe des Hochmeisters: Ludwig von Ungarn und jener ritterliche Johann von Böhmen, der in den Sümpfen Litauens ein Auge verlor. Kamen so namhafte Gäste, dann ward „zu Ehren dem von Österreich und auch der Maget tugendleich, die Gottes Mutter wird genannt", sofort eine Heidenfahrt begonnen. In dringender Not versuchte der Meister die stärkste Lockung: er schrieb den „Ehrentisch" aus unter den lateinischen Rittern, und durch alle Lande erklangen dann die Namen jener Zehn, die nach erfochtenem Siege der Orden als die Würdigsten erfand und unter prunkvollem Zelte, gleich den Degen von Artus' Tafelrunde, bei Zitherklang und Pfeifenspiel mit einem feierlichen Ehrenmahle bewirtete. Sehr ernsthaft und planvoll, offenbar, waren diese Kämpfe selten, und bald sanken sie herab zu einer leeren und rohen Spielerei. Die meisten ritterlichen Kriege des

Mittelalters waren tumultuarisch und von kurzer Dauer, schon weil die Rosse nicht leicht Unterhalt fanden. Pfadfinder des Ordens, „Leitsleute", führten das Heer in das Heidenland hinüber; die Fahne der Grenzburg Ragnit hatte den Vorkampf. Einige Nächte lang ward „in der Wild" geheert — „heid ein, busch ein, unverzagt, recht als der fuchs und hasen jagt" — alle Habe zerstört nach dem einfachen Grundsatze, „was in tet we, das tet uns wol", und sodann nach lauter Feier des großen Sieges die Rückkehr angetreten und ein Haufe Litauer „gleich den jagenden Hunden" gekoppelt gen Preußen geführt — wenn es nicht dem Feinde noch gelang, die siegreichen Ritter in die Sümpfe und Moore zu locken oder sie einzuschließen zwischen den Hagen, jenen mächtigen Verhauen, die das Barbarenland durchschnitten. Überall zeigen die Ritter seltsame Züge prahlerischer Tapferkeit, so jener Komtur Hermann von Oppen, der beim Anzug des Feindes die Tore von Schönsee öffnen ließ und also die Feste verteidigte. Die wüsten Sitten der Gäste begannen dem Orden selber verderblich zu werden, und schlimmer noch als die Heere hauste das ungeordnete leichte Kriegsvolk der Struter (latrunculi heißen sie in den lateinischen Chroniken), das in dichtem Gewölk den Heeren beider Teile folgte.
Und doch erkennen wir leicht auch in solchem verworrenen Kriegsgetümmel den Grundcharakter des Ordens, seinen Januskopf, der mit dem einen Gesichte hinausschaut in den hellen Bereich moderner politischer Gedanken, mit dem anderen zurückblickt in die verschwommene Traumwelt des Mittelalters. Abgeschwächt freilich war längst der unversöhnliche Gegensatz christlichen und heidnischen Wesens. Schon unter Winrich von Kniprode schloß der Orden, was sein Gesetz streng verbot, zum ersten Male einen Frieden mit den Heiden. Doch um so zäher hielt der Ordensstaat an dem politischen Gedanken seiner Kriege, an dem Plane, das Litauerreich zu brechen, das die Provinzen der Düna und der Weichsel trennte. Im Jahre 1398 erfüllte sich ein guter

Teil dieser Absichten, da das Samaitenland dem Orden abgetreten ward und nun die gesamte baltische Südküste den Deutschen gehorchte. Keineswegs ward dies Ziel erreicht allein durch jene räuberischen Kriegsreisen adliger Gäste. Oftmals rückte die gesamte organisierte Wehrkraft des Militärstaats ins Feld — so in dem glorreichsten Jahre der Ordensgeschichte 1370. Damals fiel des großen Winrich Ordensmarschall mit dem harten Herzen und dem harten Namen, Henning Schindekopf, als Sieger in jener gräßlichen Rudauschlacht, die noch heute im Gedächtnis der Altpreußen lebt. Diesen Sieg entschieden die Maien der Bürger — waffenkundige Genossenschaften von Patriziern und Zünftlern, die in guten Zeiten jeden Frühling in festlichem Aufmarsch aus den Toren zogen, den König Lenz nach alter Sitte einzuholen, aber wenn das Kriegsgeschrei erscholl, unter der Führung ihres Ordenskomturs zu den Fahnen des Ordens stießen. In ernstfröhlicher Weise verstand Winrich die Wehrbarkeit der Bürger zu kräftigen: er ordnete den gewohnten Brauch des Vogelschießens in allen Städten des Landes nach fester Satzung und ermutigte die gewandten Armbrustschützen durch Staatspreise. Gleicherweise leisteten auch die Grundherren und Bauern ihren Komturen Heerfolge, nach strenger Regel, auf bedeckten Hengsten vollgerüstet, oder in der leichteren Plattenrüstung, je nach der Größe des Hufenbesitzes. Auch die modischen fremden Gäste standen unter den Befehlen der Ordensritter, die noch den altritterlichen Schmuck des Vollbartes und des langen würdigen Mantels bewahrten. Alle Fahnen mußten sich senken — hier in dieser deutschen Grenzerwelt, wo das herrschende kaiserliche Banner nie geweht hat —, wenn die große Ordensfahne mit dem Bilde der gnadenreichen Jungfrau dem Ordensmarschall vorangetragen ward. Unbedingt — wenn nicht der Hochmeister selber das Kommando übernahm — verbanden die Befehle des Marschalls, der in friedlicher Zeit in dem gefährdeten Osten, zu Königsberg, hauste, im Kriege sich mit dem Generalstab seiner Kumpane umgab. Der harte Spruch des Reisegerichts traf die Widersetzlichen — Gäste, Preußen und deutsche Herren —, vornehmlich jeden, der die strenge Marschordnung störte. Auch im Lager mahnte der Altar, der inmitten des Heeres von den Fahnen umweht sich erhob, an den geistlichen Ernst des Kampfes. — Also verstand sich hier der Stolz der schweren abligen Reiterei zum Zusammenwirken mit dem Fußvolke der Landwehr. Sogar leichte Reiter, die Turkopolen, wußte der Orden zu verwenden. Und wohl nirgendwo ist das schwere Geschütz der Arkolei so früh und so häufig benutzt worden, als hier — schon zu Anfang des vierzehnten Jahrhunderts — von dem Ritterbunde, welcher der Erfindungslust seiner kriegskundigen Städte immer ein williges Ohr lieh. Die alte Mönchspflicht der Krankenpflege diente jetzt weltlichen Zwecken, ein großes Invalidenhaus wurde zu Marienburg eingerichtet, worin der Orden für die alten Tage seiner wunden Brüder sorgte. — Noch lebt ungeschwächt in den Herzen der Litauer und Slawen der alte Volkshaß wider die Deutschen. Als eine Burg am Niemen von den Unsern erstürmt wird, da bieten Hunderte der Heiden ihren Nacken dem Beile einer greisen Priesterin, also daß keiner in der Deutschen Hände fällt. Aber schon begegnen uns dann und wann Züge menschlicher Annäherung. Scharen mißhandelter Leibeigener fliehen aus Litauen hinüber unter das mildere Recht des Ordens; und gern nimmt er sie auf — unter der bezeichnenden Bedingung, daß sie zurückgeführt werden sollen in die Heimat, sobald ganz Litauen dem Orden gehorche.

Sehen wir in den Kriegen des Ordens, wie billig, eine streng monarchische Ordnung walten, so herrscht in seiner politischen Verwaltung der aristokratische Geist des Mißtrauens. „Da ist viel Heil, wo viel Rat ist," dies Wort erhärtet an dem Beispiele Christi, der auch mit den Aposteln frommen Rates pflog — bezeichnet den kirchlich-aristokratischen Grundgedanken seiner Verfaſſung. Wohl ſchmückte ſich das Land mit königlichem Pomp, wenn der Statthalter des geſtorbenen Hochmeiſters alle Gebietiger des Ordens mit den Landmeiſtern von Deutſchland und Livland gen Marienburg berief und dann das Glockengeläute der Schloßkirche verkündete, daß die auserwählten Dreizehn im tiefgeheimen Wahlkapitel einen neuen Fürſten erkoren, Chriſti Statt im Orden zu halten. Aber den die mächtigſten Könige der Chriſtenheit „lieber Bruder" nannten, er durfte nur über das Kleinſte und Alltägliche frei verfügen. Die fünf oberſten Gebietiger, der Großkomtur, der Oberſtmarſchall, der Oberſtſpittler, der Oberſttrappier, der Oberſttreßler mußten zu jedem wichtigen Beſchluſſe ihre Zuſtimmung geben; jede Verfügung über Land und Leute war gebunden an das Ja der beiden Landmeiſter; und wiederholt geſchah, daß der Deutſchmeiſter mit dem großen Ordenskapitel die Abſetzung eines hoffärtigen Hochmeiſters verfügte. Als die Macht des Ordens reißend anſchwoll, der perſönliche Verkehr mit fremden Fürſten ſich vermehrte, befreite ſich der Hochmeiſter allmählich von den kleinlichen Regeln mönchiſcher Zucht und bildete ſich einen glänzenden Hofſtaat. Aber auch dann noch erhielt der Herr der Oſtſeelande, wenn er teilnahm an den Mahlzeiten des Ordens, ſeine vier Portionen zugeteilt, damit er ſpende an die Armen und Büßenden. Nur in dringender Not mochte der Hochmeiſter auf eigene Hand verfahren und durch einen Machtbrief unbedingten Gehorſam befehlen. Immerhin ließ dieſe beſchränkte Macht von geſchickter Hand ſich wirkſam nutzen, was der Orden ſelber in ſeiner guten Zeit durch die Wahl faſt ausnahmslos tüchtiger Männer anerkannte. Wie der Hochmeiſter dem geſamten Orden, ſo ſtand der Komtur in jeder größeren Ordensburg „mehr als Diener denn als Herr" den zwölf Brüdern gegenüber, die nach dem Vorbilde der Apoſtel ſeinen Konvent ausmachten.

Die furchtbare Härte der genoſſenſchaftlichen Zucht allein hielt dieſe Ariſtokratie zuſammen. Die „Regeln, Geſetze und Gewohnheiten" des Ordens zeigen uns noch heute, wie hoch hier die Kunst, Menschen zu beherrschen und zu benutzen, ausgebildet war. Ein begebener Mensch war geworden, wer die drei Gelübde der Armut, der Keuschheit und des Gehorsams geschworen, „so die Grundfeste sind eines jeglichen geistlichen Lebens," und dafür von dem Orden empfangen hatte ein Schwert, ein Stück Brot und ein altes Kleid. Ihm war verboten, seines Hauses Wappen zu führen, zu herbergen bei den Weltlichen, zu verkehren in den üppigen Städten, allein auszureiten, Briefe zu lesen und zu schreiben. Viermal in der Nacht wurden die Brüder, wenn sie halb bekleidet mit dem Schwerte zur Seite schliefen, von der Glocke zu den „Gezeiten" gerufen, viermal zu den Gebeten des Tagamts; an jedem Freitag unterlagen sie der mönchischen Kasteiung, der Juste. Wem der Orden ein Amt befiehlt, zu Riga oder zu Venedig, übernimmt es unweigerlich und legt es nieder am nächsten Kreuzerhöhungstage vor dem Kapitel seiner Provinz; seine Rechnungen bewahrt das Archiv. Ist einer in Schuld verfallen, so tagt das geheime Kapitel, das mit einer Messe beginnt und mit Gebet endigt, und verweist den Schuldigen an den Tisch der Knechte oder läßt die Juste an ihm vollziehen, denn „nachdem die Schuld ist, soll man die Schläge messen." Doch darf der Meister Milde üben, der in der einen Hand die Rute der Züchtigung führt, in der anderen den Stab des Mitleids. Nur die „allerschwerste Schuld" — die Fahnenflucht, den Verkehr mit Heiden und die „vormeinsamten Sünden" der Sodomie — kann auch des Meisters Gnade nicht sühnen; sie geht dem Sünder an sein Kreuz, er hat den Orden verloren ewiglich. Noch über das Grab hinaus verfolgt der Orden die ungetreuen Brüder. Wird in dem Nachlasse eines deutschen Herrn mehr gefunden als jene kümmerliche Habe, die das Gesetz erlaubt, so verscharrt man die Leiche auf dem Felde. Derselben mönchischen Zucht unterlagen auch die zahlreichen nicht-ritterlichen Ordensbrüder, die das schwarze Kreuz auf grauem Mantel trugen und in mannigfachen Berufen, namentlich in der leichten Reiterei des Ordens, Verwendung fanden. Außerdem umgab den Hochmeister eine mit der Macht des Staates wachsende Schar von weltlichen Dienern und Hofleuten; preußische Landedelleute, die der Orden in politischen Geschäften brauchte, Gelehrte und Künstler, Bediente und Subalterne. — In dieser furchtbaren Zucht, in einer Welt, die den Orden immer groß und prächtig, den einzelnen klein und arm zeigte, erwuchs jener Geist selbst= loser Hingebung, der den Hochmeister Konrad von Jungingen auf dem Totenbette die Gebietiger beschwören hieß, sie sollten nimmermehr seinen Bruder zum Nachfolger in seinem Amte wählen. Freilich, eine nahe Zukunft sollte zeigen, daß bei so un= menschlicher Ertötung aller niederen Triebe weder die Freiheit des Geistes noch stetige politische Entwicklung gedeihen kann. Noch redete das Gesetz von dem „Golde der Minne, womit der Arme reich ist, der sie hat, und der Reiche arm, der sie nicht hat." Noch erinnerten einige große Siechenhäuser, unter der Aufsicht des Ordensspittlers, und die reichversorgte Herrenfirmarie zu Marienburg an die Zeit, da der Orden, der nun drei Fürsten= throne besetzte, unter den Zelten von Akkon die Wunden pflegte; noch ward jedes zehnte Brot aus den Ordensvorräten den Armen gespendet. Aber ausschließlicher immer drängte sich des Ordens staatlich=kriegerischer Zweck hervor. Das kirchliche Wesen er= scheint oft nur als Mittel, jene schweigende militärische Unter= werfung zu erzwingen, die in diesen Tagen ungebundener persön= licher Willkür allein durch den schrecklichen Ernst religiöser Ge= lübde sich erhalten ließ. Wenn mittags an der schweigenden Tafelrunde der Priesterbruder ein Kapitel der Bibel vorlas, wählte man gern die kriegerischen Mären von den „Rittern zu Josuas und Moses' Zeiten". Immer wieder ward den jungen Brüdern das Makkabäerwort eingeschärft: „Darum, liebe Söhne, eifert um das Gesetz und waget euer Leben für den Bund unserer Väter." Es war ein endloser Vorpostendienst. Tag und Nacht standen die Briefschweifen im Stalle gesattelt, um die Boten mit den Befehlen des Meisters oder mit dem Sterbebriefe, der den Tod eines Bruders kündete, von Burg zu Burg zu tragen — ein geregelter Botenlauf durch das gesamte Mittel= und Süd= europa. Alltäglich konnte ein Visitierer des Ordens erscheinen, alle Schlüssel und Rechnungen der Burg abzufordern, und sämt= liche Brüder waren verpflichtet, ihm anzuzeigen, ob das Gesetz verletzt worden, das jede Tagesstunde in jeder Burg des weiten Reiches nach gleicher Regel leitete.

Bei so unbarmherziger Aufsicht mußten die Finanzen des Ordens glänzend gedeihen. „Zu Marienburg," läßt der Dichter den Pfennig sagen, „da bin ich Wirt und wohl behaust." Bis zum fünfzehnten Jahrhundert findet sich in den peinlich genauen Rech= nungen, die das Königsberger Archiv noch heute bewahrt, keine Spur eines Unterschleifs. Ja, ein ganz moderner Gedanke der Finanzwissenschaft ist in dem Orden bereits verwirklicht: der Staatshaushalt war scharf geschieden von dem Haushalt des Fürsten, der seinen Kammerzins von bestimmten Gütern bezog. Überhaupt mußten Wohlstand und Bildung erstaunlich rasch emporschießen, wo die Kapitalien und die eingeübte Arbeitskraft eines gesitteten und dennoch jugendlichen Volkes, vereint mit den durchgearbeiteten Gedanken der päpstlichen, orientalischen und hansischen Staatskunst, auf die üppigen Naturschätze eines un= berührten Bodens befruchtend einströmten. Wo der Adel selber, durch ein heiliges Gesetz gebändigt, herrschte, konnte der unselige Schaden des mittelalterlichen Staats, die Störung des Land= friedens durch räuberisches Junkertum nicht aufkommen. Hier war die Stätte nicht für das trutzige Liedlein, das der Adel im Reiche sang: „Ruten, roven, dat is kein schande, dat doynt die besten im lande." Die Ritter und Knechte des Landes, reich be= gütert zumal im Westen und im Oberlande, vermochten vorerst dem mächtigen Orden nicht zu trotzen. Sie erfreuten sich der Gunst des großen Winrich, der aus diesen Grundherren den

Kern der berittenen Landwehr bildete. Sie blieben der Gerichtsbarkeit des Ordens unterworfen und standen mit den Städten in friedlichem Verkehr durch den schwunghaften Getreidehandel. Die übrige freie Landbevölkerung verschmilzt allmählich zu einer Masse; die große Mehrzahl der alten preußischen Freien erwirbt das freie kulmische Recht der deutschen Kölmer. Auch die Pflichten der Grundholden werden leichter, seit der Orden die Bedeutung der rasch eindringenden Geldwirtschaft erkennt und die Verwandlung der Dienste in Geldzinsen gestattet. Der den Hansebürgern abgesehene Grundsatz unbedingter Freizügigkeit befördert den Anbau und sichert die Freiheit, ohne doch, bei dem festen Erbrechte der Bauernhöfe, ein allzu rasches Hin- und Widerfluten der Bevölkerung zu bewirken. Und wie sollte des Landmanns Lage da auf die Dauer eine gedrückte bleiben, wo der rastlose Kampf mit der Flut des Meeres und der Ströme fortwährend die persönliche Kraft des Bauern herausfordert? Den Mahnruf des Dichters an die Monarchie des Mittelalters: „Dir ist befohlen der arme Mann", befolgt die Aristokratie der deutschen Herren um so eifriger, je gefährlicher die Macht des städtischen und des Landadels emporwächst. Dem großen Winrich hat das Volkslied das edelste Fürstenlob, daß er ein Bauernfreund gewesen, nachgesungen.

Die Kirche bleibt in der alten Abhängigkeit. Die Klöster vornehmlich unterliegen der strengen Aufsicht des Ordens, und allein kraft eines Terminierbriefes der Landesherrschaft darf der Bettelmönch fromme Gaben heischen. Nur in Ermeland, wo es nicht gelungen war, das Domkapitel mit deutschen Herren zu besetzen, begannen schon jetzt unheilvolle Händel zwischen dem Bistum und dem Orden. Solche Erscheinungen heben die preiswürdige Tatsache nicht auf, daß die Ordensherrschaft das ausgedehnteste Gebiet einheitlichen Rechtes im deutschen Mittelalter umfaßt. Jeder Komtur einer Ordensburg ist zugleich Bezirkshauptmann für die Landesverwaltung, führt den Vorsitz im Landthing, und selbst die mächtigen Städte müssen sich ihm beugen. Das Recht der Städte hat der Hochmeister durch eine allgemeine städtische Willkür geregelt, die nicht ohne seinen Willen geändert werden darf. Er allein entscheidet über die Freiheit des Handels und die Zulassung der Fremden, er bestimmt die Willkür für die Weichselschiffahrt. Ihm dankt das Land gleiches Maß und Gewicht; nur seiner Landesmünze zu Thorn ist der Münzenschlag vorbehalten.

Und doch war die Stellung der großen Städte des Landes, die früh der Hansa Deutschlands beitraten, zu ihrer Landesherrschaft nach modernen Staatsbegriffen ebenso unbegreiflich, wie die Lage aller anderen landsässigen Hansestädte. Die „unter beiden Meistern sitzenden" Hansestädte (in Preußen die Sechsstädte Danzig, Elbing, Thorn, Kulm, Königsberg und das kleine Braunsberg – denn das reiche Memel blieb butenhansisch) –, sie beschlossen auf den gemeinen Hansetagen oder gar auf ihren preußischen Städtetagen zu Marienburg und Danzig den Krieg gegen Könige, die mit dem Orden in Frieden lebten. Sie spielten – ein Staat unter Staaten – die Rolle des Vermittlers in den Händeln des Ordens mit Litauen, oder baten den Hochmeister um seine Verwendung in hansischer Sache bei der Königin von Dänemark. Die bittere Not, der Ernst der politischen Arbeit und das nicht eingestandene, doch unzweifelhaft bereits lebendige Bewußtsein, auf wie schwachen Füßen die glänzende Ordensherrschaft stehe – das alles zwang den Orden, die ritterlichen Vorurteile zu verschmähen, den Eifer der Herrschsucht zu mäßigen und als treuer Bundesgenoß zu den Städten Niederdeutschlands zu halten. Waren doch beide im Innersten verwandt als Aristokratien von Deutschen inmitten halbbarbarischer Völker, als trotzige Eroberer unter fremden Zungen, verwandt sogar in ihrer inneren Einrichtung. Auch die Hansa konnte in der Fremde ihre Herrschaft nur erhalten durch die strenge klösterliche Zucht mönchischer Faktoreien. Auch das Gewerbe des Kaufmanns war in tiefes Geheimnis gehüllt gleichwie das Leben der geistlichen Genossenschaft. Der Blick der Osterlinge beherrschte einen weiteren Gesichtskreis als die Binnenstädte Oberdeutschlands; sie allein unter unseren Kommunen trieben große Politik gleich dem Orden, und sie begegneten sich mit ihm vornehmlich in dem Bestreben, den friedlosen Verkehr zur See endlich zu sichern. Diese Verbindung war so natürlich, daß das Anwachsen beider Mächte auch in der Zeit genau den gleichen Schritt einhielt und beide von dem Augenblicke an dem Verfalle entgegeneilten, da sie sich miteinander entzweiten. Das glorreiche Jahr des Ordens (1370) war auch der Höhepunkt der hansischen Macht. Als Meister Winrich die Kunde empfing von dem großen Litauermorden auf dem Rudaufelde, da weilte an seinem Hofe als ein Bettler, des Ordens Vermittlung erflehend, Waldemar Atterdag der Däne, verjagt aus seinem Erbe durch die Bürgermacht der Siebenundsiebzig Hansestädte; im selben Jahre unterschrieb der König den Stralsunder Frieden und versprach, daß fürderhin keiner den Thron von Dänemark besteigen solle, als mit dem Willen der gemeinen Hansa. Wenige Jahrzehnte später traten drei preußische Städte als Bürgen ein für das königliche Wort Albrechts von Schweden.

Hat auch keine der Ordensstädte die unvergleichliche Lübeck völlig erreicht und das Wort des deutschen Liedes zuschanden gemacht: „Lubeck aller stede schone, van richer ere dragestu die krone" – so stand doch von allen Gemeinwesen der Osterlinge Danzig der Travestadt am nächsten. Ein hochgefährliches Element in dem jungen Staate, fürwahr – diese überkräftige Kommune mit dem stolzen Adel, den leidenschaftlich bewegten Zünftlern und dem heute noch berüchtigten wilden Hafenvolke polnischer Weichselschiffer. Sie war die Erbin jener Handelsherrschaft im Osten des Baltischen Meeres, welche dereinst dem alten Wisby auf Gotland gehörte. Wohl hielt die Stadt noch so streng wie nur der Orden selber auf deutsches Wesen, wehrte allem undeutschen Blute den Eintritt in die Zünfte. Rechtspflege und Verwaltung waren nach moderner Weise getrennt, jene geübt von dem Stadtschultheißen und seinen Schöppen, diese in den Händen von Bürgermeister und Rat; die Verfassung aristokratisch, doch so, daß für wichtige Entschlüsse die Zustimmung der Zünftler eingeholt ward. Aber schon geschah, daß die Zünftler in jähem Aufruhr aus ihrem Gemeindegarten lärmend vor den prächtigen Artushof der Stadtjunker zogen, und schon jetzt ward in dem Junkerhofe dann und wann der kecke Plan besprochen, die Stadt von dem gestrengen Orden loszureißen. Denn hatte der Orden auch ein einheitliches Handelsgebiet geschaffen und niemals Binnenzölle aufgelegt, so erhob er doch ein Pfundgeld von der Einfuhr. Ja, er ward jetzt selber ein großer Kaufherr und verfeindete sich also den monopolsüchtigen Geist der Hansa: er begann, gestützt auf päpstliche Dispense, einen ausgedehnten Eigenhandel, vornehmlich mit dem Bernstein, den außer den Dienern des Ordens niemand aufsammeln durfte. Er beanspruchte oft ein Vorkaufsrecht auf die Einfuhren seiner Städte, band sich selber nicht an die Getreideausfuhrverbote, die er zuweilen für sein Land erließ, und trieb den Kornhandel so schwunghaft, daß einmal 6000 Last Roggen allein auf sieben Ordensburgen aufgespeichert lagen. Seine Handelsagenten residierten in Brügge, in den preußischen Städten und in dem Mittelpunkte des polnischen Verkehres, Lemberg. Nur im Zusammenhange mit diesen hansischen Verhältnissen läßt sich des Ordens baltische Politik begreifen. Auch Estland, dessen Ritterschaft der Orden schon längst durch einen Bund an sich gekettet hatte, wurde endlich ganz für den Ordensstaat gewonnen (1346), als der Meister von Livland dem Dänenkönige beistand gegen einen gefährlichen Aufstand der estischen Bauern und dann – nach der alten geistlichen Politik – eine unerschwingliche Entschädigung für die Hilfe forderte. So war dem Orden die Küste vom Peipussee bis zur Leba dienstbar, und alsbald begann er die Befriedung der See, schuf sich eine Seemacht als der Schirmherr des gemeinen Kaufmanns. Schon längst war der deutsche Kaufherr gewohnt, seine Koggen nur in starken Flotten auf die friedlose See zu senden. Vollends in den wüsten Kriegen zur Zeit der Kalmarischen Union hatten die streitenden Mächte des Nordens das alte Unwesen der Seeräuber ermutigt durch ihre Stehlbriefe. Seitdem war der Piratenbund der Vitalienbrüder, geführt von abligen Abenteurern, den Sture, den Manteuffel, herrschend im Baltischen Meere, hatte Gotland besetzt und das verfallene altehrwürdige Wisby in ein festes Raubnest verwandelt; seine Auslieger lauerten in allen Winkeln der buchtenreichen See versteckt. Was die skandinavischen Kronen nicht wagen, gelingt endlich der jungen Flotte des Ordens (1398): unterstützt von den Schiffen seiner Städte erobert er Gotland, verhängt ein furchtbares Strafgericht über die Räuber und läßt seine Friedensschiffe in der Ostsee kreuzen. Bald darauf setzen sich, kraft alter Herrschaftsrechte, die Dänen auf der Insel fest; der Orden aber rüstet eine neue Flotte, bringt an zweihundert dänische Schiffe auf, landet ein Heer von 15 000 Mann auf Gotland und pflanzt die Kreuzfahne wieder auf den Wällen von Wisby auf (1404).

Auch tief in das Binnenland hinein reichen die Fäden der Ordenspolitik. Solange die baltische Welt noch nicht den russischen Ehrgeiz lockt, steht der Orden oft im Bunde mit dem weißen Zaren als dem alten Feinde der Litauer; und doch sendet der Hochmeister vorsichtig zugleich Gesandte an die Beherrscher von Kasan und Astrachan, findet an ihnen eine starke Rückenlehne wider die Moskowiter. — Den Polen und Litauern gegenüber weiß der Orden teilend zu herrschen; er schürt emsig den Bruderstreit, der das Großfürstenhaus von Litauen zerfleischt; seine Burgen sind die bereite Zufluchtsstätte aller Unzufriedenen der Nachbarländer. Und schon am Ausgang des vierzehnten Jahrhunderts legt der verschlagene Piaste, Herzog Wladislaw von Oppeln, dem Orden einen europäischen Plan vor, der seitdem nie wieder aus der großen Politik verschwunden ist: den Plan der Teilung Polens. — Von so umfassenden Kombinationen jedoch kehrte die Staatskunst des Ordens immer wieder zurück zu ihren einfachsten Aufgaben. Die Verbindung mit Deutschland blieb ungesichert, solange der launische Wille der pommerschen Wendenfürsten sie jederzeit abschneiden konnte. Der Erwerb von Stolp und Bütow und anderen Grenzstrichen vermochte nicht, dies zu ändern. Endlich gelang es, den alten Übelstand zu heben und eine sichere Straße in das Reich zu erwerben: der Orden benutzte (1402) die Geldnot der märkischen Lützelburger zum Ankaufe der Neumark. Bürger und Bauern des neugewonnenen Landes fügten sich willig der Herrschaft der Aristokratie; nur der meisterlose Adel widerstrebte hartnäckig, er fürchtete den Landfrieden der Ordenslande. Nicht bloß für die Staatskunst, auch für die Wirtschaft des Ordens ward die neue Straße in das Reich hochwichtig; denn sein Besitz in Deutschland war allmählich stattlich angewachsen, umfaßte zwölf Balleien, darunter zwei von unerschöpflichem Reichtum, Österreich und Koblenz.

Wenn der Orden die Völker des Ostens vor seiner Landwehr erzittern ließ: vergessen wir nicht, welches wetterfeste, in ewigen Kämpfen gestählte Bauernvolk ihm gehorchte. In altpreußischer Zeit hatten dereinst reiche Dörfer und Wälder geprangt, wo nun der Spiegel des Frischen Haffs sich dehnte. Aber auch noch unter der Ordensherrschaft verwandelten Einbrüche des Meeres die Gestalt der Küste. Die alte Einfahrt in das Frische Haff, das Tief von Withlandsort, kaum erst durch eine Feste geschützt, versandete; die See brach sich ein neues Tief, und der Orden ließ die Bauern fronden zu den starken Dammbauten bei Rosenberg. Gewaltiger noch war das Ringen mit dem tückischen Weichselstrome. Undurchdringliches Gehölz hob sich aus dem Röhricht der weiten Sümpfe zwischen den Armen der Weichsel und Nogat, bis alljährlich im Frühjahr der Schrecken des Landes, der Eisgang, herankam, Fußboten das unheimlich langsame Nahen des Feindes verkündeten und endlich die weiten Wälder in der großen Wasserwüste verschwanden. Hat auch die moderne Kritik den vielgefeierten Namen des Landmeisters Meinhard von Querfurt erbarmungslos seines Glanzes entkleidet: zu den Fabelgestalten zählen wir darum doch nicht jenen Ordensritter mit dem Wasserrade, der heute unter den Steinbildern der Dirschauer Brücke prangt. Der Orden war es, der, nicht durch Eines Mannes Kraft, nein, durch die nachhaltige Arbeit mehrerer Geschlechter, die Wut des Stromes bändigte. Der güldne Ring der Deiche ward um das Land gezogen, gesichert durch ein strenges Deichrecht, durch die Bauernämter der Deichgrafen und Deichgeschworenen, die noch heute alterprobt bestehen. Also geschützt, ward das Sumpfland der Werder, unter dem Wasserspiegel der Ströme gelegen, von holländischen Kolonisten in die Kornkammer des Nordens verwandelt, und bald blähte sich hier die Üppigkeit, der unbändige Trotz der überreichen Werderbauern.

Auch anderer Orten im Lande blühte die Landwirtschaft. Die Schafzucht arbeitete dem Tuchhandel von Thorn in die Hände, und Preußens Falkenschulen versorgten den Weidmann aller Länder mit dem unentbehrlichen Federspiele. Die Beutener in den Wäldern von Masuren versandten das Wachs ihrer Bienenkörbe weithin an den Klerus, und selbst der Landwein von Altpreußen hat den unverdorbenen Kehlen unserer Altvordern gemundet. Wichtiger noch war die Ausfuhr des Holzes, das von den Baumbesteigern der Danziger und Rigaer Kaufhäuser in den Forsten von Polen, Litauen, Wolhynien ausgesucht und dann auf mächtigen Flößen, die dichtgedrängt oftmals den Flußverkehr sperrten, die Weichsel und Düna hinabgefahren ward — wenn anders die heilige Barbara in dem Bergkirchlein zu Sartowitz das Gebet des Weichselschiffers um gesegnete Fahrt erhörte. Desselben Weges kam der Flachs, den die Braker im Hafen prüften und stempelten. Der Handel über Land mit Polen und den Nachbarländern war Preußens Vorrecht; und seit der Orden das Kurische Haff mit dem Pregel durch einen Kanal verbunden, ward auch der Wasserweg auf dem Niemen bis in das Herz von Litauen seinem Kaufmann erschlossen. Das rührige Danzig gründete dort das hansische Kontor von Kowno. Dies Monopol des überländischen Verkehrs hinderte die Sechsstädte des Hochmeisters nicht, auch den anderen Handelszügen der Hansa zu folgen: sie nahmen teil an dem großartigen Verkehre des Weltmarktes zu Brügge und sendeten ihre Schiffe auf die Baienfahrt, um an der Loiremündung Salz zu kaufen. Indes dankten alle Städte der Osterlinge den Wohlstand ihrer Zünftler vornehmlich dem Aktivhandel nach den Ländern des Nordens und Ostens, welche der Produkte unsers Landbaues und Gewerbes nicht entraten konnten. Die Fischerei im großen, jederzeit das natürliche Vorrecht des seeherrschenden Volkes, ward in den nordischen Gewässern von der Hansa ausschließlich ausgebeutet. Allsommerlich bezogen die Hansen bei Falsterbo auf Schonen ihre Hütten, um des Heringsfangs zu pflegen, und durch die Gnade des bedrängten Waldemar Atterdag durfte dort Danzig sein Fischlager neben der Vitte des gebietenden Lübeck aufschlagen. — Der Kredit ward gefördert durch die vom Orden erlassene gemeine preußische Bankrottordnung und durch ein verständiges Wechselrecht, das in den Städten zur Regelung des Überkaufs sich gebildet hatte. Vor allem sorgte der Landesherr für die Sicherheit des Verkehrs. Jeder Komtur hielt in seinem Bezirke das strenge Straßengericht. Von den Stettiner Fürsten erlangte der Orden das Versprechen, ihm alle Verbrecher auszuliefern, und von den Herzogen von Oppeln ertrotzte er sich das Recht, die Räuber des preußischen Kaufguts noch auf schlesischem Boden niederzuwerfen. Dem verderblichen Grundsatze des mittelalterlichen Handels, daß jedermann sich seines Schadens erholen solle bei den Volksgenossen, suchte der Orden entgegenzuwirken durch Handelsverträge, zumal mit England, das bereits ein Konsulat in Danzig errichtete.

Mit diesem gewaltigen Aufschwunge materieller Wohlfahrt hielt die geistige Bildung nicht gleichen Schritt. Ein banausisches Wesen geht durch die mittelalterliche Geschichte unseres Nordens, der Hansa wie der deutschen Herren. Von der schrecklichen Eintönigkeit des mönchischen Garnisonlebens mochte der deutsche Herr sich erholen in ritterlichen Spielen, obwohl das eigentliche Turnier ihm verboten blieb, oder in schwerer Jagd auf Bären, Wölfe, Luchse, „nicht durch kurze weile, sunder durch gemeinen vrumen". Auf Hochmeisters Tag oder zu Ehren fürstlicher Gäste feierte man glänzende Gelage und Gassenspiele; dann flossen statt des Bieres der Osterwein von Chios, die welschen Weine und der köstliche Rainfal aus Istrien. Zu Ostern zogen die Dirnen von Marienburg mit Maizweigen auf das Hochschloß, um den Fürsten nach gut preußischem Brauche einzuschließen, bis er mit einer Gabe sich löste. Meisters welscher Garten und Karpfenteich boten manche heitere Stunde, bald war der Lärm und Prunk fürstlicher Besuche zur Regel geworden an dem geistlichen Hofe. Edlerer geistiger Luxus aber schien dem rauhen Militärstaate bedenklich. Noch im fünfzehnten Jahrhundert begegnet uns ein Hochmeister, der „kein Doktor" ist, weder lesen noch schreiben kann. Wenn Meister Winrich befahl, daß in jedem Konvente zwei gelehrte Brüder, ein Theolog und ein Jurist, verweilen sollten, so hatte er nur kirchlich-politische Zwecke im Auge. Seine Schöpfung, die Rechtsschule von Marienburg, ging rasch zugrunde, und die Universität von Kulm, die der Orden in jenen Tagen zu gründen gedachte, ist nie zustande gekommen. Die gelehrten Brüder haben Urlaub, das Gelernte zu üben, die ungelehrten aber sollen nicht lernen; genug, wenn sie das Paternoster und den Glauben auswendig wissen.

Vollends von einem tiefern Nachdenken über göttliche Dinge meinte der Orden wie das frühere Mittelalter: „o weh dir armen Zweifeler, wie bist du gar verloren, du möchtest kiesen, daß du wärest ungeboren." Ein Graf von Nassau ward nach tiefgeheimer Verhandlung zu ewigem Kerker verurteilt, „weil er ein Ezwifeler was". Im Bewußtsein solcher Schwäche bewies der Orden dem gelehrten Mönchstum offene Mißgunst. Die geistige Aristokratie der Mönche, die Benediktiner, duldete er gar nicht, die Zisterzienserklöster zu Oliva und Pelplin nur, weil sie von den pommerschen Fürsten bereits früher gegründet waren; allein den unwissenden Bettelmönchen blieb er gewogen. Unter allen Wissenschaften hat nur eine in dieser durchaus politischen Welt eine eigentümliche Ausbildung empfangen, die Geschichtschreibung. Die Chronisten des Ordenslandes stellen sich den besten des deutschen Mittelalters an die Seite: von Peter von Dusburg an, der am Anfang des vierzehnten Jahrhunderts die Preußenkämpfe des Ordens mit der frommen Begeisterung des Kreuzfahrers schilderte, bis herab auf Johann von Pusilge, der hundert Jahre später mit freierem Weltsinn und weitumfassendem politischem Blick seine Jahrbücher schrieb. Solche Berichte von den Taten des Ordens wurden zuweilen in den Remtern den Brüdern vorgelesen. Eine regelmäßige Annalistik freilich konnte in dem stürmischen Grenzerleben nicht aufkommen. Gleich der Wissenschaft schwieg auch die Dichtung fast gänzlich im Ordenslande. Gar seltsam hebt von solcher Herzenshärtigkeit der Glanz der bildenden Künste sich ab, welche allerdings nicht so unmittelbar auf die Veredelung der Gemüter wirken. Ihre Blüte in Preußen fällt in der Zeit genau zusammen mit dem politischen Ruhme der Tage Winrichs von Kniprode. Das edelste weltliche Bauwerk des deutschen Mittelalters ist unter dem großen Hochmeister vollendet worden: die Marienburg, die nach dem Glauben des Volkes ihre Wurzeln, die mächtigen Kellergeschosse, so tief in die Erde streckt, wie ihre

Zinnen hoch in die Lüfte streben –, bei Nacht mit dem Lichtglanze ihrer Remterfenster wie eine Leuchte ob den Landen hangend, weithin sichtbar an dem Weichselflusse, dem die Kulturarbeit des Ordens den lieblichsten Unterlauf von allen deutschen Strömen bereitet hat. Schon längst stand auf den Nogathöhen hinter den Ställen und Vorratshäusern der Vorburg, beschützt durch eine Kette von Basteien und Gräben, das Hochschloß mit dem Kapitelsaale und der Schloßkirche. Das kolossale Mosaikbild der heiligen Jungfrau mit dem Lilienstabe verkündete, daß hier des geistlichen Staates Hauptburg rage; auf dem Rundgang um die Burg ruheten des Ordens Tote. Neben diesem düster-feierlichen Bau erstand in Meister Winrichs Tagen das prächtige Mittelschloß, die weltlich heitere Residenz des Fürsten, mit der lichten Fensterfronte von Meisters morgenhellem Gemach und dem wunderbar kühnen Gewölbe in Meisters großem Remter, das gleich dem Gezweige der Palme aus Einem mächtigen Pfeiler emporsteigt. Aber selbst dies freudige Bauwerk verleugnet nicht den strengen Geist des Militärstaates. Nicht nur weisen unterirdische Gänge und der Rundgang um das Dach auf den Zweck der Verteidigung; aus der wahrhaftigen Keuschheit des erst von der Gegenwart wieder verstandenen Ziegelrohbaues redet ein spröder Ernst, der den meisten gotischen Bauten fremd ist. Geradlinig schließen sich die Fenster ab, der Reichtum der vegetativen Ornamente der Gotik fehlt; nur der leise Farbenwechsel des Ziegelmusters mildert die Einförmigkeit der schmucklosen Mauerflächen. Den gleichen Charakter massenhafter Gediegenheit tragen die Nebenbauten bis herab zu den schweren Türmen, die in die Gräben hinausragen – den unaussprechlichen Danzks. Wir mögen dieses spröde Wesen nicht allein der Dürftigkeit des Backsteins zuschreiben; zeigt sich doch an einem edlen Bruchsteinbau des Ordens, an der Marburger Elisabethkirche, dieselbe Bescheidenheit des vegetativen Schmucks. Dagegen mahnen ornamentale Inschriften und manche Eigenheiten des Stils an des Ordens Verkehr mit Sizilien und dem Morgenlande. Wie das Meisterschloß das Vorbild ward für alle Ordensburgen und sogar dasselbe Ziegelmuster mit militärischer Regelmäßigkeit sich in vielen Burgen wiederholte, so wirkte der strenge Charakter der Ordensbauten auch auf die Bauwerke der Städte. Wer kennt sie nicht, die aufstrebende Kühnheit, den würdigen Ernst der Giebelhäuser mit den weit vorspringenden Beischlägen in der Danziger Langgasse? Wie eine Festung ragt der Dom von Marienwerder über die Weichselebene und ist auch als eine Feste wiederholt von reisigen Bürgern verteidigt worden.

Erscheint es blendend, einzig, dies kühne Emporsteigen der Ordensmacht zu schwindelnder Höhe: wie sollten wir doch die Einsicht abweisen, daß solche glänzende Frühreife die Gewähr der Dauer nicht in sich trug? Selten läßt sich — nach dem ernsten, unser Geschlecht beherrschenden welthistorischen Gesetze — in dem Kerne menschlicher Größe selber die Notwendigkeit ihres Verfalls so schneidend nachweisen, wie an diesem widerspruchsvollen Staate. Nur weil der Orden aus den Reihen des deutschen Adels sich fortwährend neu ergänzte, gebot er über eine Fülle großer Talente. Alle die meisterlosen Degen strömten ihm zu, denen die anschwellende Macht der Fürsten und Städte den Raum beengte, die tieferen Gemüter von religiöser Inbrunst wie die Männer von wagendem Ehrgeiz, welche hier allein noch hoffen durften, aus dem niederen Adel zum Fürstenthron sich emporzuheben. Aber ebendeshalb ward des Ordens Zukunft bestimmt von der augenblicklichen Lage des Adels im Reiche, die er nicht beherrschen konnte. Nur der Heiligkeit kirchlicher Zucht dankte der Orden die Spannkraft, in staatloser Zeit die Majestät des Staates zu wahren. Doch je klarer der also gefestete Staat seiner weltlichen Zwecke sich bewußt ward, um so drückender erschienen die kirchlichen Formen, die sein mütterlicher Boden waren. An sich bietet die Herrschaft des Ritterbundes nichts Unnatürliches in Zeiten, welche gewohnt waren, alle großen politischen Ziele durch die gesammelte Kraft von Genossenschaften zu erreichen. Aber rühmten wir ihm nach, daß er in seinem Lande nichts der organischen Entwicklung überließ, alles durch scharf eingreifenden Willen ordnete, so blieb er selber doch starr und unverändert, derweil in seinem Volke alles sich wandelte, mußte jedem Versuche innerer Reform sein theokratisches non possumus entgegenstellen. Eine furchtbare Kluft tat sich auf zwischen der Landesherrschaft und ihrem Volke, seit in den Enkeln der ersten Ansiedler allmählich ein preußisches Vaterlandsgefühl erwuchs und das Volk murrend erkannte, daß eine schroff abgeschlossene Kaste von Fremden, Heimatlosen Preußens Geschicke lenkte. Einwanderer und Einwohner standen sich hier bald ebenso feindselig gegenüber wie im spanischen Amerika die Chapetons und Kreolen, ja, noch feindseliger; denn der ehelose deutsche Herr ward durch kein häusliches Band an das unterworfene Land gekettet. Wohl bot der Orden jeder reichen Kraft freie Bahn, doch nur, wenn sie s e i n e Gelübde auf sich nahm. Die unabhängigen Köpfe des Landadels sahen sich ausgeschlossen von jeder selbständigen staatlichen Tätigkeit; derselbe Orden, der willig die Bürger von Lübeck und Bremen unter seine Brüder aufnahm, erschwerte mit theokratischem Mißtrauen dem Adel seines Landes den Eintritt. Mochte der Orden mit kühlem Rationalismus jede neue politische Idee, so die Zeit gebar, sich aneignen: die Grundlage seiner Verfassung blieb unwandelbar. Der monarchische Gedanke, der einzige, der die Völker des Mittelalters zu dauernder Gesittung emporführen konnte, der soeben noch zu Beginn des fünfzehnten Jahrhunderts in Frankreich seine rettende Kraft erprobte — im Ordenslande fand er keine Statt, solange der Plan einer Säkularisation geistlicher Staaten dem Glauben der Völker noch als ein Verbrechen erschien.

Erschüttert freilich war dieser Glaube schon längst. Denn allgemeinen Anklang hat die unmenschliche Lehre von der Ertötung des Fleisches unter unserem lebensfrohen Volke zu keiner Zeit gefunden. Nicht bloß die rohe Sinnlichkeit, auch die unbefangen weltliche Anschauung des geschlechtlichen Lebens lehnte sich schon im frühen Mittelalter dawider auf. „Daz schoeniu wîp betwingent man, und ist da sünde bi, son' ist da doch nicht wunders an," sagt ein freudiges Dichterwort. Jetzt vollends war der deutsche Herr, dem verboten war, seine leibliche Mutter zu küssen, verderbt im Verkehre mit den Heidenfahrern. Die alte Satzung ward mit Füßen getreten, manch unheimliches Geheimnis aus den verschwiegenen Zellen der Burgen drang in das Volk, der weiße Mantel ward oft gesehen in den „Ketzerhainen" der lebenslustigen Städte, und das Sprichwort mahnte den Hausvater, seine Hintertür zu schließen vor den Kreuzigern. Da offenbarte sich an dem steigenden Spotte des Volks wider seine unheiligen Herrscher, daß das Possenspiel der Theokratie auf die Dauer nur solche Völker ertragen, deren Gemüt ein geistloser Glaube einwiegt in wachen Traumleben. Als im Reiche Fürstentum und Bürgertum an Macht und sittlicher Kraft den Adel weit zu übertreffen begann: wie hätte solcher Verfall des Standes nicht zurückwirken sollen auf seine ferne Pflanzung? Je tiefer der Adel sank, um so herrischer trat der Ritterbruder im weißen Mantel den Graumäntlern gegenüber. Durch die geweihten Remter schritt die Lust, schamlos und freudlos. Die Ritter, seit der Rudauschlacht des ernsten Krieges entwöhnt, kürzten sich die Weile mit leerem Prahlen von der unbesiegbaren Stärke der Ordenswaffen. Junkerhafter Übermut verhöhnte die besonnenen Meister, welche, die Gefahren der Zeit erwägend, die alte Eroberungspolitik mäßigten. Als dann endlich — nach einer tragischen Notwendigkeit, die keines Menschen Witz abwenden konnte — diese Eroberungspolitik, das Lebensgesetz des Staates, noch einmal hervorbrach, da erlebte der deutsche Adel seinen jammervollsten Fall auf demselben Boden, wo er sein Höchstes geleistet.

Inzwischen reifte die Treibhaushitze der kolonialen Luft in dem jungen, der Pietät ungewohnten Volke den Haß wider die fremden Herrscher. Denn fremd mußten den Preußen die Oberdeutschen erscheinen in Tagen, da die Abneigung der Stämme in unseliger Blüte stand. Zwei neue Aristokratien waren emporgewachsen unter der herrschenden Kaste, durch festere Bande, als der Orden, mit dem Lande verkettet. Die städtischen Geschlechter, zumal die mächtigen Ferver, Letzkau, Hecht in Danzig, murrten längst wider das harte Regiment. Und hier abermals stoßen wir auf den tragischen Widerspruch im Wesen des Ordens. Nur weil der Orden zugleich ein großer Kaufherr war, konnte er den Gedanken einer Handelspolitik im großen Stile fassen; und doch hat dieser selbige Eigenhandel ihm die Gemüter der Bürger verfeindet. Unter dem Landadel, den reichen Geschlechtern der Renys und Kynthenau im Kulmerlande, tat sich der ritterliche Eidechsenbund zusammen. Alle Eidechsenritter waren verschworen, einander beizustehen mit Leib und Gut in nothafter ehrlicher Sache wider jedermann — freilich „mit Ausnahme der Landesherrschaft"; aber wer hatte Kunde von den tiefgeheimen Bundestagen? Auch auf den Hort der monarchischen Gewalt, auf die Treue der niederen Stände, durfte der Orden nicht mit Sicherheit zählen — am wenigsten um die Wende des vierzehnten und fünfzehnten Jahrhunderts, in diesem schrecklichen Morgensturme, der dem Lichte der modernen Gesittung vorausging. Alles Heilige sah dies unselige Geschlecht geschändet und entweiht. Gräßlich erfüllte sich das strenge Seherwort, das Dante hundert Jahre zuvor gesprochen: „Der Stuhl von Rom, weil er in sich vereinigt zwei Gewalten, fällt in den Kot." Zwei Päpste haderten um die dreifache Krone, zwei Kaiser um den Zepter der Welt, und frech spottete der Heide: „Nun haben die Christen zwei Götter; will ihnen der eine ihre Sünde nicht vergeben, so gehen sie zu dem andern." Auf den Stellvertreter Christi ward gefahndet auf der Heerstraße, und der

Söldner von Neapel band sein Roß an den Altar von St. Peter.
Vor kurzer Frist erst war der schwarze Tod und der Judenbrand
durch die Städte gerast; der Kyrieleis-Gesang der Geißler, der
Angstruf der schuldbeladenen Menschheit, war gellend in den
Straßen erklungen. Mit schneidendem Hohne wandte sich das
empörte Gewissen der Masse wider das Sündenleben der Reichen.
Die Dirnen, spottete das Volk, kommen aus den gemiedenen
Gassen zu dem Rate der Stadt und klagen wider des Rates
Töchter: sie verderben uns das Handwerk. Während die Häupter
der Christenheit sich rüsteten, durch eine Reform der Kirche an
Haupt und Gliedern wieder Frieden zu bringen in die geängsteten
Gemüter, ging auch der Staatsbau der alten Welt aus seinen
Fugen.

Dahin war die Ehrfurcht des armen Mannes vor der alten
Ordnung. In Frankreich, in den Niederlanden wie in Oberdeutschland rotteten sich die Bauern zusammen, und von England
herüber tönte aus den wilden Haufen Walters des Ziegeldeckers
zum ersten Male die lockende Weise, welche erklang und erklingen
wird, sooft die rauhe Naturkraft der mißhandelten Menge aufsteht wider den kunstvollen Bau einer alten Kultur: — „als
Adam grub und Eva spann, wer war denn da der Edelmann?"
In Preußen auch schritt ein unruhiger Geist durch die Massen:
schon mußte der Orden „Sammlungen" und bewaffnetes Umherziehen verbieten. Auch auf dem Schlachtfelde hatten die neuen
popularen Mächte ihre Überlegenheit gezeigt. Seit hundert
Jahren schon hingen 8000 Paar goldene Sporen in der Kirche
von Kortryk, prahlerische Trophäen, die der Weberkönig von
Flandern mit seinem Bürgerheere von Frankreichs Adel erbeutet.
Vor dem Morgensterne des Schweizers, dem langen Spieße des
dithmarscher Bauern war die ritterliche Kriegskunst zuschanden
geworden, und prahlend sang der Eidgenosse von seiner Laupenschlacht: „Den Grafen thet die Ruthen weh." Eben jetzt, um
die Wende des Jahrhunderts, kehrte, geschlagen von den Söldnern

der Welschen, Kaiser Ruprechts ritterliches Reichsheer „halb wieder her in Armut, Schand und Spott". In der Tat – schon längst empfand es schmerzlich der Orden – ein neuer Kriegerstand war erstanden. Mehr und mehr entfremdete sich die bürgerliche Gesittung der Zeit den ritterlichen Kreuzfahrten; schon spotteten die Lieder des Teichners über den Preußenfahrer, der von weiter Reise nichts heimbringe als das unverständige Lob des Haufens: „Hei, wie der gevaren hat!" Bereits begnügten sich die Frommen im Reich, Söldner gen Preußen zu schicken zu ihrer Seelen Heil. Bald hörte auch dies auf, und der Orden war gleich anderen Staaten gezwungen, mit ungeheurem Geldaufwande den Kern der neuen Heere, das besoldete, gedrillte Fußvolk und die reichbezahlten Bogenschützen von Genua zu werben. Diese Wandlung der Kriegsweise war auf die Dauer der Wirtschaft der Völker heilsamer als die verzehrend kostspielige Kriegführung der Vorzeit; für den Augenblick aber ward dadurch selbst der Geldreichtum des Ordens erschöpft, mancher minder mächtige Staat ausgestrichen aus der Reihe der Mächte und der Staatengesellschaft eine mehr aristokratische Gestalt gegeben. Und vor allem, es war ein widersinniges, auf die Dauer unhaltbares Verhältnis, daß ein Ritterbund mit Söldnern seine Schlachten schlagen mußte.

Während so aus dem heiligen Reiche wieder einmal Walthers altes Klagelied erscholl: „Mein Dach ist faul, es sinken meine Wände," sammelte sich drohend die zersplitterte Volkskraft der Slawen und erhob sich in tödlicher Feindschaft wider die Deutschen. Schon begann in dem genialsten der Slawenvölker die hussitische Bewegung. Vertrieben von dem nationalen Fanatismus der Tschechen entwich die deutsche Studentenschaft von Prag nach Leipzig, und die böhmische Hauptstadt ward für eine lange Zeit die große Bildungsstätte aller Westslawen. Um dieselbe Zeit hatte ein gewandter schlauer Fürst voll ausgreifender Ehrsucht den polnischen Thron bestiegen – Großfürst

Jagjel von Litauen. In dreien Tagen führte er wider den Orden zwei furchtbare Schläge, da er getauft ward und die Erbin von Polen freite (1386). Als der Großfürst im Schlosse zu Wilna das heilige Feuer des Heidengottes löschen und die geweihten Schlangen töten ließ, da war entschieden, daß alle „bösen Christen" seines Volkes zu Christen wurden. Wo die wollenen Röcke, die des Fürsten neue Priester boten, nicht lockten, trieb man die Bauern zu Tausenden mit Gewalt in den Fluß zur Taufe. So zog der Schlaue der Eroberungspolitik des Ordens den Boden unter den Füßen hinweg. Wie mochte der Orden noch auf den Zuzug ritterlicher Kriegsgäste zählen, seit alle seine Nachbarn Christen, seine Kreuzzüge weltliche Kriege geworden? Dann bestieg „Jagjel, anders Wladislaw" den polnischen Thron, erweiterte die Libertät des Adels durch reiche Privilegien, schmeichelte dem Deutschenhaß der unbändigen Junker durch das Versprechen, daß er die entfremdeten Lande, Pomerellen vornehmlich, der Krone zurückbringen werde. Die unseligen Händel im litauischen Fürstenhause verstummten, seit Wladislaw seinen Vetter Witowd zum Großfürsten von Litauen erhob (1392). So war der enge Bund Litauens und Polens, der oft versuchte, endlich vollzogen; dem Orden der Heidenbekehrer stand jetzt eine feindliche Macht gegenüber, deren herrschende Stände nicht minder starr katholisch waren als er selber, und dies Doppelreich erweiterte bald seine Grenzen bis tief nach Podolien hinein, bis nahe an die Küsten des Schwarzen Meeres. Zu derselben Zeit haderten die Hansestädte untereinander wegen der Vorrechte Lübecks; sie waren im Innern geschwächt durch den Zank der Junker und der Zünftler und schauten träge zu, wie ihre alten Feinde, die drei nordischen Kronen, zu Kalmar unter der starken Hand der Dänenkönigin Margareta sich einten (1397). Alsbald sollte der Orden das erhöhte Selbstgefühl der Nachbarvölker empfinden. Die kaum von Litauen abgetretenen Samaiten standen auf „wie die jungen Wölfe, wenn sie satt, desto grimmiger werden gegen die, welche sie hegen." Sogar Memel ward von den Barbaren erstürmt, und erst nach Jahren (1406) befestigte der Orden wieder seine Herrschaft. In so bedrängter Lage deckte sich der Orden den Rücken, trat Gotland ab an die Königin des Nordens (1408). Man mochte erkennen, daß der Gedanke einer selbständigen maritimen Politik, wie großartig immer, doch unhaltbar blieb, solange man nicht vermochte, die Verfassung des Bundes schwerer Reiter durch entschlossene Aufnahme beweglicher demokratischer Elemente von Grund aus umzugestalten. Aber diese Sicherung gegen Skandinavien frommte wenig, seit die Macht des Königs Wladislaw immer bedrohlicher anwuchs. Der hatte den Deutschen die Kunst, teilend zu herrschen, welche der Orden bisher gegen Polen und Litauen geübt, abgesehen und wandte sie jetzt gegen den Orden selber. Der Klerus von Livland, der ewig aufsässige, bat offen um den Beistand des Polen wider die Landesherrschaft; und auch in Preußen ging die Rede, daß geheime Boten aus Krakau oftmals mit den Eidechsenrittern des Kulmerlandes verkehrten. Die kleinen Wendenfürsten von Pommern huldigten der neuen Größe des Slawenkönigs. Weit über die Grenzen der Christenheit hinaus schweiften Wladislaws herrschsüchtige Pläne; er schloß ein Bündnis mit den heidnischen Tataren und Walachen. Ein ruchloser Frevel nach den Begriffen der Deutschen, aber eine sehr begreifliche Politik für einen Polenkönig; denn ein buntes Völkergemisch von Ruthenen und Sarazenen, Armeniern und Tataren hauste in dem Südosten dieses Grenzlandes der Christenheit — ein Gewirr von Völkertrümmern, das die Nähe des Orients ankündigte. Seit den Tagen Kasimirs des Großen waren auch noch Massen der aus Deutschland vertriebenen Juden hinzugekommen, und in diesem Durcheinander von Christen und Heiden, Juden und Schismatikern konnte selbst der strengkatholische Wladislaw die Hilfe der Heiden nicht verschmähen.

Also waren in derselben Epoche, welche die Grenzen der Ordenslande zum größten Umfang erweiterte, die sittlichen Grundlagen der Ordensherrschaft untergraben, die Macht unversöhnlicher Feinde angeschwollen und für den bedrohten Ritterstaat keine Hilfe zu erwarten aus dem wankenden Reiche. Fast unabweislich drängt sich bei diesem Anblick der Vergleich auf mit der Lage des neuen preußischen Militärstaats in den zwei Jahrzehnten nach dem Tode Friedrichs des Großen. Seit langem drohte der Krieg: die Pommerfürsten, aufgereizt von den Polen, verlegten den Kriegsvölkern, die gen Preußen zogen, die Straße; König Wladislaw verbot seinem Kaufmann den Handelsweg durch Preußen. Zum Schlagen endlich kam es, als der Orden den wichtigen Netzepaß Driesen zur Sicherung der Verbindung mit der Neumark erworben hatte. Im Jahre 1410 rückte der Hochmeister Ulrich von Jungingen, so recht ein Spätling des alten Rittertums, mit dem größten Heere, das der Orden je um seine Fahnen geschart, gen Süden. Nach tollkühner Ritterweise war alles auf diesen einen Wurf gesetzt. Unter 65 Bannern zogen wohl an fünfzigtausend Mann hinaus, ein Dritteil zu Roß, sogar das schwere Festungsgeschütz der Marienburg ward ins Feld geführt. Am Tage der Apostelteilung, 15. Juli, traf das Heer auf der Heide von Tannenberg den zweifach stärkeren Feind, die gesammelte Macht des Ostens. In ritterlichem Übermute verschmähte man, die überraschten Polen zu überfallen, und forderte sie heraus zu offener Feldschlacht. Schon waren die Litauer geschlagen, schon hallte das Siegeslied „Christ ist erstanden" aus den Reihen der Kreuziger. Da erfaßte Wladislaws Feldherr, der kleine Zyndram, den günstigen Augenblick, wo des Ordens linker Flügel im zügellosen Ungestüm der Verfolgung sich zerstreute. Er warf sich auf die Mitte des deutschen Heeres, mit ihm die böhmischen Söldner unter der Führung jenes Johann Ziska, der seinen Namen hier zum ersten Male dem deutschen Todfeind furchtbar machte. Und als nun die Eidechsenritter des Kulmerlandes verräterisch ihre Banner unterdrückten, da entschied sich der erste große Sieg, den die Slawen über unser Volk erfochten. Es war ein Schlachten, unerhört in der Geschichte des Nordens. Zahllose Leichen — mehr denn hunderttausend, sagt die Überlieferung — bedeckten das Feld, die Blüte des deutschen Adels war gesunken, von den obersten Gebietigern nur einer entkommen, und mit der Leiche des Hochmeisters trieb der Tatar und Kosak sein scheußliches Spiel. Einundfünfzig deutsche Banner ließ der König nach dem Kriege in dem Krakauer Dome aufhängen, der gelehrte Johann Dlugosz beschrieb die Trophäen in einer eigenen Schrift, und nach Jahrhunderten noch priesen die Lieder der Slawen den glänzendsten Tag der polnischen Waffen.

Aber derweil der behutsame greise König mit seinem geschwächten Heer tagelang auf der Walstatt verweilte, die Häupter der gefangenen Großen unter dem Beile seiner Henker fielen, und der Wein aus den zerschlagenen Ordensvorräten in Strömen durch das polnische Lager floß und mit dem Blute der Gebliebenen sich mischte, da hob sich aus dem grenzenlosen Verderben der andere große Mann des Ordens, Heinrich von Plauen. Sie sahen sich alle gleich, wie ihre Namen und die springenden Löwen in ihren Schildern — dieser Heinrich Plauen, aus dem vogtländischen Hause der heutigen Fürsten von Reuß, ein Geschlecht schroffer herrischer Menschen, einer königlichen Ehrsucht voll, hart und lieblos, mit dem kaltem Blicke für das Notwendige. Seit langem war dies große Haus gewohnt, seine tapfersten Söhne in den Orden zu schicken; schon einmal, in der Schlacht von Plowcze, hatte ein Plauen des Ordens wankendes Kriegsglück wieder gefestigt. Kaum war die Kunde von dem Tannenberger Tage zu dem jungen Komtur von Schwez gedrungen, der an der Westgrenze die Pommerfürsten beobachtete, so begriff er, daß die Zukunft des zentralisierten Staates an den Geschicken der Hauptburg hing. Er warf sich mit seinen 3000 Mann in die Marienburg, rüstete die Festung und verbrannte die reiche Stadt zu ihren Füßen, daß sie dem Polen nicht zum Lager diene. Aber ehrlos und zuchtlos huldigte binnen einem Monat das gesamte Land dem Könige, der endlich gen Norden zog und alles verlockte durch das Versprechen der polnischen Libertät, „rechtsam der Antichrist tun wird, der ihm auch untertenigen wird die Leute in sulchir weise, die her nicht kan betwingen." Die Bischöfe, froh, der strengen Aufsicht sich zu entledigen, gingen mit bösem Beispiel voran, und die kopflose Feigheit der Befehlshaber der Ordensburgen trieb auch manchen treuen Mann in das polnische Lager. Vernichtet schien der Orden, sein Heer lag erschlagen, seine Schätze führte der Verrat der Entflohenen ins Reich. Mit Trompeten und Pauken, in feierlichem Zug, holte der Rat von Danzig den polnischen Hauptmann ein, und dem Verteidiger der Marienburg sandte die Ritterschaft des Kulmerlandes wütende Fehdebriefe. „Das Gott nimmer an ihnen lasse ungerochen," flucht der Chronist; denn ein Abfall war es, unheimlich, ungeheuerlich selbst für jene Zeiten, welche die jähe Wandlung der Gemüter oftmals gesehen. Wohl durfte das Volk sich flüsternd erzählen, daß die Hochgebenedeite selber, den Polen blendend, in den Reihen der deutschen Herren gestanden, als das Unbegreifliche geschah und gegen solche Übermacht, gegen das eigene Festungsgeschütz der Meisterburg, in diesem Pfuhle der Gemeinheit die Marienburg sich hielt. Die Ruhr wütete im Lager des Königs; „je länger er lag, je minder er schuf." Nach vergeblich wiederholtem Sturmangriff brach der alte meisterlose Sarmatengeist wieder aus, die beschränkte Gewalt des Königtums vermochte nicht den unsteten polnischen Adel bei den Fahnen zu halten. Die Litauer verweigerten die Kriegsfolge — so erzählen wenigstens die Polen, um die Schuld des Mißlingens von sich selber abzuwälzen — und Wladislaw zog ab nach zweimonatlicher Belagerung. Dieser ungeahnte Erfolg erfüllte die Getreuen im Lande mit neuer Hoffnung;

Burg auf Burg ergab sich dem neuen Hochmeister. Als gegen Ende des Jahres König Sigmund von Ungarn mit einem Einfall in Polen drohte, schloß Wladislaw in verzagter Übereilung den Thorner Frieden (Anfang 1411), der alles wieder auf den Stand vor dem Kriege zurückführte. Nur Samaitenland ward für die Lebenszeit des Großfürsten an Litauen zurückgegeben.

Vor wenigen Monden noch hatte Plauen sein Knie gebeugt im Zelte des Königs, Frieden erbittend von dem Übermütigen. Jetzt gebot er wieder über ein größeres Reich als jenes, das einst dem Meister Winrich gehorcht. Aber wie anders waren den beiden die Lose gefallen! Der eine leicht und freundlich dahingetragen von den Wellen des Glücks, sein finsterer Nachfahr rastlos und fruchtlos ankämpfend wider ein ungeheures Verhängnis. Wie sollte seinem klaren Auge entgehen, daß er dem Zufall die Gunst des Friedens verdankte? Die Kapelle, die er auf dem Tannenberger Felde erbauen ließ, mahnte den Orden an den Tag der Schmach, an die Notwendigkeit neuer Kämpfe. Eine unerschwingliche Schuld, das Lösegeld für die Gefangenen, lastete auf dem Lande, das die hunnische Wut des Feindes von Grund aus verwüstet hatte. Ein zäher Wille, der zu vergessen nicht verstand, sollte herrschen über einem Volke, das in kurzen Wochen zweimal den Eid gebrochen. Zornmutig brach der Meister selbst den Eid, den er beim Friedensschluß dem König zugeschworen, daß das Vergangene vergeben sei, ließ die entflohenen Brüder in Fesseln aus dem Reiche zurückführen. Und wenn er sie musterte, die Elenden, die noch übrig waren von dem weiland großen Orden, eine zuchtlos trotzige Jugend, die des Ordens schöne Tage nicht gesehen, und eine Handvoll verlebter Greise, die alltäglich baten um Erlösung von der Bürde ihres Amtes: dann erwachte in dem Freunde des ersten Hohenzollerschen Kurfürsten, dem stolzen Manne, der die Gnade Gottes sichtbarlich zu seinen Häuptern gesehen, der verwegene Gedanke, daß des Ordens alte Satzung verwirkt sei durch den ungeheuren Frevel, daß des Erretters Wille allein herrschen solle unter den Ungetreuen.

Mißachtete er also das Recht des verfallenden Ordens, so erkannte der Blick des Staatsmannes, daß der frischeren Kraft des Adels und der Städte die Teilnahme an der Leitung des Staats sich fortan nicht mehr versagen ließ. Darum errichtete er (1412) den Landesrat von Abgeordneten der Städte und des Landadels mit dem Rechte der Steuerbewilligung und der Zustimmung in allen wichtigen Landesfragen: — ein Schritt vermessener Willkür, denn das Gesetz verbot dem Orden strenge den Beirat weltlicher Leute, aber eine Notwendigkeit, denn furchtbare Leistungen mußte der Orden jetzt von dem Lande heischen. Während das Glück dem finsteren Herrscher den Rücken wandte und Seuchen und Mißernten zerstörten, was der Kosak zu vernichten vergessen hatte, mußte zweimal ein Schoß ausgeschrieben werden von jedermann bis herab zu den Mägden und Mönchen. Der harte Herr erschien dem Volke als ein verwegener Neuerer; auch die unsichere Überlieferung, die ihn einen Freund hussitischer Ketzereien nennt, gibt davon ein Zeugnis. Mehrmals schon war offener Aufruhr blutig niedergeschlagen worden. Eidechsenritter und deutsche Herren hatten sich verschworen wider das Leben des Meisters und hart gebüßt. Das reiche Danzig, in den letzten bewegten Jahren zum Bewußtsein seiner Macht gelangt, verweigerte den Schoß, vermauerte den Zugang zur Ordensburg, baute daneben einen festen Turm, den Kiek in de Kuk, um zu schauen, was man braue in des Ordens Küche. Endlich ließ der gewalttätige Komtur, des Meisters Bruder, einige Vornehme des Rats ungehört erschlagen — ein Verbrechen, das lange fortlebte im Gedächtnis der erbitterten Bürger. Der Hochmeister aber ließ die Bluttat unbestraft, bildete einen neuen Stadtrat aus Anhängern des Ordens. Dazwischen spielten widrige Händel mit den ver=

triebenen Bischöfen, den Häuptern des großen Landesverrates, die gemäß dem Frieden Wiedereinsetzung verlangten; Plauen jedoch verweigerte „die Natter im Busen und das Feuer im Gehren zu hüten."

So vergingen dem Meister zwei sorgenvolle Jahre. König Wladislaw erkannte an der jammervollen Zerrüttung des Ordenslandes die Torheit des übereilten Friedensschlusses. In der Tat, was auch überkluge Gelehrte dawider sagen, die alte Tradition der Schulen ist im vollen Rechte, wenn sie den Untergang des Ordens von der Schlacht von Tannenberg datiert: von jenem Tage an hörten die Deutschen auf, die Herrscher zu sein unter den Westslawen, und der Orden verlor, was einem Militärstaate die Hälfte seiner Macht bedeutet: den Ruf der Unbesiegbarkeit. Das Ordensland war, seit es von katholischen Feinden umringt stand, nichts Besseres mehr als die anderen deutschen Territorien; die Gäste, die jetzt noch nach Preußen zogen, wußten allein noch die Widerstandskraft der festen Ordensburgen zu rühmen, und diese defensive Kraft des ausgesogenen Landes konnte zuletzt doch nur durch die Geldmittel, die der Orden aus seinen deutschen Gütern zog, erhalten werden. Des Sieges gewiß, begann daher Wladislaw ein System frechster Gewalttätigkeit wider den Orden. Seine Hauptleute fielen plündernd ein in das preußische Grenzland, der preußische Kaufmann ward auf polnischer Heerstraße niedergeworfen; ja, der Litauerfürst erbaute auf dem Gebiete des Ordens die Feste Welun und gab den Klagenden die bedeutende Antwort, ganz Preußen habe dereinst seinem Volke gehört. Noch ging der Meister friedliche Wege. Er bat den Ungarnkönig Sigmund um seine Vermittlung. Der aber vergaß seiner Pflicht gegen das Reich. Gleichwie er später, dem Dänen zulieb, den deutschen Schauenburgern ihr Erbrecht auf Schleswig absprach, so sah er jetzt in dem Kampfe der Deutschen mit den Polen nur die willkommene Gelegenheit, sich zu bereichern. Die Vermittlung mißlang.

Nun erst entschloß sich Plauen, kraft eigenen Willens, ohne Rat der Gebietiger wie des Landes, den friedlosen Frieden zu brechen (Herbst 1413). Doch wenn der Plauen wagte, das Ungeheure zu tun, im Orden war einer, der Marschall Küchmeister von Sternberg, der wußte noch sicherer, dies Geschlecht werde das Ungeheure nicht ertragen. Der starke behäbige Mann, ein feiner Diplomat des gemeinen Schlages, berechnete in diesem welthistorischen Kampfe nur die niedere Leidenschaft des kleinen Menschen. Die Rechnung trog ihn nicht. Schon waren die Polen ins Land gefallen und der Kampf begonnen um die durch Plauens Eifer wohlgerüsteten Grenzburgen; da verbot der Marschall dem Bruder des Meisters vorzurücken, die Mannschaft folgte dem Rebellen, und der Kriegszug ward abgebrochen. Nun berief Plauen auf St. Burkhardstag (14. Oktober 1413) das Kapitel, den meuterischen Marschall zu bestrafen. Dort tagten zusammen alle die Neidischen, über deren Schultern der junge Held zum Meistersitze sich emporgeschwungen, die geängsteten Friedensseligen und die Tiefgekränkten, die seine zornige Herrscherhand gefühlt, und Sternbergs überlegene Nüchternheit wußte sie also zu leiten, daß von unreinsten Händen die Strenge des Gesetzes geübt und Heinrich Plauen des Meisteramtes entsetzt ward, weil er den Orden gerettet hatte, um — seine Satzung mit Füßen zu treten. Aber — zu so flauem Entschluß gelangten in dem kläglichen Kapitel der grimme Haß der Jungen und der Alten kurzsichtiges Mitleid — dem unerhört beleidigten gefährlichen Manne gab man die bescheidene Komturei von Engelsburg. Dort saß der Entthronte, in der Kraft seiner Jahre, im öden Einerlei eines subalternen Amtes. Er sah das Meisteramt in Sternbergs Händen; die Mörder, die einst sich gegen ihn verschworen, waren begnadigt, das Land, geleitet von dem Stumpfsinn der Feigheit, eilte haltlos dem Verderben entgegen. Aus dem Reiche herüber klangen die wütenden Klagen seiner Freunde wider die „meyneyden verreters selbwachsen kotzen kotzen sone", aber nur scharfe Worte konnte das Reich ihm bieten. Da befreundete sich endlich, so scheint es, die verbitterte Seele des Mißhandelten mit dem Plane, abermals, wie einst im Lager vor Marienburg, das Knie zu beugen vor dem Polenkönige und unter dem Schutze polnischer Waffen zurückzukehren in das Meisterschloß. Ein tragisches Geschick hat ihm versagt, durch Taten zu beweisen, wie groß oder wie gemein er diesen Plan verstand. Der Verkehr seines Bruders mit Polen ward entdeckt, er selbst der Mitschuld geziehen und in festen Gewahrsam gebracht (1414). In häßlicher Prosa endet nun dies dämonische Heldenleben. Sechzehn Jahre lang hatte er den Tod bei lebendigem Leibe ertragen; noch besitzen wir die Briefe, worin der „Aldemeister" den neuen Gewalthabern klagt, daß seine Hüter Met und Brot ihm allzu spärlich reichen; erst am späten Abend seines Lebens ward ihm abermals ein bescheidenes Amt, das Pflegeramt zu Lochstädt, zugewiesen. Den Orden aber beherrschte fortan eine solche Wildheit blinder Parteiwut, daß die späteren amtlichen Darsteller der Ordensgeschichte über die unvergänglichen Verdienste des großen Mannes gänzlich schwiegen, nur von seiner Härte, seinem Verrate zu erzählen wußten. Die Geschichte seines letzten Sturzes liegt noch heute in tiefem Dunkel. Unzweifelhaft erwiesen ist nur, daß sein Bruder als Landesverräter nach Polen entwich; für die Teilnahme des Hochmeisters selber an den Zettelungen seiner Freunde spricht kein anderer Beweis als die Anklagen der Anhänger Küchmeisters. Die Aussagen dieser leidenschaftlich erbitterten, gewissenlosen Gegner verdienen wenig Glauben; sie lassen sich aber auch nicht kurzerhand beseitigen durch die gutmütige Behauptung, ein solcher Mann sei des Verrates nicht fähig gewesen. Wie die triviale Theologie sich die Idee der Gottheit nur aus lauter Negationen aufzubauen weiß, so spukt in der historischen Wissenschaft noch vielfach eine moralisierende Nüchternheit, welche Menschengröße nur als das Gegenteil des Frevels zu begreifen vermag, uneingedenk der tiefen Wahrheit, daß jeder große Mensch reich begabt ist zur Sünde wie zum Segen.

Seit jenem St. Burkhardstage schwindet die letzte Spur der Größe aus dem entarteten Staate. Kaum daß dann und wann ein tapferer Kriegsmann auftauchte aus der Gemeinheit des verachteten Ordens, der nicht mehr auf des Reiches frische Kräfte zählen durfte, sondern in Wahrheit wurde „der deutschen Geburt Spital, Zuflucht und Behältnis". In denselben Oktobertagen des Jahres 1413, da des Ordens sittliche Kraft zerbrach, hatte der Reichstag von Horoblo den Bund zwischen Polen und Litauen fester geschlossen, die litauischen Bojaren in die Sippen des polnischen Adels aufgenommen, den katholischen Charakter des Doppelreiches noch bestimmter ausgesprochen. In ewig neuen Einfällen berennt nun dies zum Bewußtsein seiner Überlegenheit erwachte Reich den Ordensstaat. Samaiten, Sudauen, Nessau werden in unwürdigen Friedensschlüssen abgetreten. Geschmäht von dem Deutschmeister, daß er „also gar weichlich und liederlich dem Feinde widerstanden", beteuert der Militärstaat dem Kaiser, dem Papste, dem Konzilium seine Friedensliebe. Wer durfte sie bezweifeln, seit der Orden den alten Feind, den Litauerfürsten, unter seine Halbbrüder aufgenommen? Aber niemand mochte vermitteln in dem ungleichen Kampfe. Ganz offen vielmehr ward an den Höfen die Ansicht ausgesprochen, daß der Orden keine Stätte mehr habe in der monarchischen Welt; ihm wäre besser, daß er auf Zypern oder an der türkischen Grenze das Markgrafenamt wider die Heiden von neuem übernähme. Es waren Kämpfe von prinzipieller, nationaler Bedeutung. Fester schloß sich das fanatische Bündnis der Slawenstämme. Mit den Hussiten und den Pommerfürsten, als „den Verwandten ihres Blutes", standen Polens Könige im Bunde. Schon wird von polnischen Unterhändlern unter den Preußen die slawische Lehre gepredigt, daß Preußen pol-

nisch Land sei, wie seine Ortsnamen beweisen. Ja, als bei Tauß und Tachau des Reiches Adel den Dreschflegeln der hussitischen Bauern erlegen war und weithin durch des Reiches Niederlande der Klang der böhmischen Trommeln Verderben kündete allem, was deutsch war und Sporen trug: da brach auch eine Schar der Ketzer mit ihrer Wagenburg in die Ordenslande, plünderte das Kloster von Oliva, grüßte das Meer mit dem wilden Tschechensang: „Die ihr Gottes Krieger seid" und füllte die Feldflaschen mit dem salzigen Wasser, zum Zeichen, daß die Baltische See den Slawen wiederum gehorche, wie weiland in den Tagen Otakars des Böhmen.
Aber so wenig, wie des Reiches Adel, wird der Orden durch dies verderbliche Anwachsen der Macht des Erbfeindes zu sittlicher Erstarkung begeistert. Von neuem entbrennt der innere Zwist. Drei Konvente zugleich sagen dem Marschall den Gehorsam auf, insgeheim unterstützt von Land und Städten; Hochmeister und Deutschmeister entsetzen sich gegenseitig. Endlich verliert der Orden sogar seinen reindeutschen Charakter. Schon Heinrich von Plauen wird von den Danziger Chronisten beschuldigt, er habe, das Gott erbarm, die Hochzungen zur Herrschaft gebracht. Seitdem trat im Orden selber der Haß der Niederdeutschen gegen die Bayern, Schwaben und Fränkelein widrig hervor, und nach langem häßlichem Zwist mußte der Hochmeister versprechen, die gleiche Zahl aus jeder Landschaft des Reichs in seinen Rat zu berufen. In dieser Anarchie festigt sich die Libertät des Landes. Schon stellen die Städte bestimmte Forderungen, bevor sie dem Hochmeister huldigen, das Land vermittelt in den Spänen der deutschen Herren. Der von Plauen gegründete Landesrat umfaßt in seiner neuen Gestalt (1430) unter vierundzwanzig Mitgliedern nur sechs deutsche Herren — so gänzlich hatte sich der Schwerpunkt der Macht verschoben. Die endlosen Kriege fraßen das Mark des Landes, hohe Zölle und der Eigenhandel des Ordens erbitterten den Bürger. Dazu traten un-

verschuldete Unglücksfälle: wiederholte Mißernten und das rätselhafte Ausbleiben des Herings vom hansischen Fischplatze auf Schonen (seit 1425). Recht und Friede waren den Preußen verloren, seit die Landstreifen der Ordensritter sich machtlos zeigten wider das räuberische Gesindel, das der Krieg auf die Heerstraße geworfen. Rüstig schürten die Polen den Unmut unter dem Adel im Oberlande und in Pomerellen, dessen Väter vor hundert Jahren noch der polnischen Adelsfreiheit genossen. Aus solcher Verbitterung erwuchs der vermessene Gedanke des preußischen Bundes, der am 14. März 1440 auf dem Tage zu Marienwerder von einem Teile der Ritterschaft und der Städte beschworen ward. Ein Staat im Staate, sollte er anfangs nur einen jeden bei seinem Rechte schützen, bald aber bestellte er einen stehenden geheimen Rat und schrieb Steuern aus unter den Bündischen. Des Bundes Seele waren die Stadtjunker von Danzig und ein oberländischer Ritter Hans von Baisen, ein verschlagener ehrgeiziger Herr, der als Knabe schon am Hofe des großen Heinrich Plauen die Schwäche des Ordens durchschaut hatte und jetzt von weiten Kriegsfahrten eine ausschreitende Kraft heimbrachte, die unter der Ordensherrschaft den notwendigen Raum nicht fand. „Der vorgifte lame trache und basiliscus, aller vorreter der ergeste" heißt er in den Chroniken der Ordensleute. Die treulose Staatskunst unfähiger Hochmeister, welche den Bund zuerst bestätigte, um ihn bald nachher vor dem Kaiser zu verklagen, trieb neue Genossen in die Reihen der Bündischen und den Bund selber vorwärts auf seiner abschüssigen Bahn. Zwei Beweggründe vermischten sich seltsam in dieser Erhebung: die zu ihren Jahren gekommene Kolonie verlangte, wie billig, Selbständigkeit, Befreiung von einer altersschwachen Staatsgewalt, und das unruhige Volk sehnte sich nach der meisterlosen Anarchie der Polen. Als nun auf des Ordens Klage Kaiser Friedrich III. den Bund „von Unwürden, Unkräften, ab und vernichtet" erklärte und so der sinkende Ritterstaat sich an das Reich anklammerte, das er kalt vergessen hatte in seinem Glücke, da wagte der Trotz der Libertät den letzten Frevel. Am 4. Februar 1454 unterschrieben Land und Städte den Absagebrief an den Orden; ein Stadtknecht des Rates von Thorn überbrachte das Schreiben auf die Meisterburg. Ihr habt uns für eigen angesprochen, meinten die Bündischen, und die Natur selbst lehrt jeden die Gewalt abzutreiben, den Missetäter mit der Faust zu strafen. Die Burg zu Thorn, die erste, die vor zwei Jahrhunderten der deutsche Eroberer im Heidenlande gebaut, ward erstürmt von dem wütenden Pöbel. Auf das Feuerzeichen von den Thorner Türmen erhob sich das Land, in wenigen Wochen waren sechsundfünfzig Burgen in des Bundes Händen. Und schon war der Baisen auf dem Wege nach Krakau, dem König Kasimir IV. die Herrschaft anzubieten über Preußenland, „das einst ausgegangen von der Krone Polen".

Der König kam, und widriger wiederholte sich der Abfall des Tannenberger Jahres. Selbst einige der deutschen Herren huldigten; so gnadenreich war das Privilegium des Polen, das freien Handel und Teilnahme an der Königswahl in Polen verhieß und den Baisen zum Statthalter einsetzte. Nun tobt der gräßliche Bürgerkrieg: die deutschen Herren wüten wider die „bündischen Hunde", die „das Eidechsengift" verderbt, Polen und Bündische wider die geistlichen Zwingherren und die „meineiden Schälke" in den Städten des Ostens, die nach langem Schwanken sich dem Orden wieder zuwenden. Jedermanns Hand wider die andere. Inmitten der Gassen, im Pregelhafen, kämpfen die Bürger der drei Städte Königsbergs ihre wilde Flußschlacht. In Danzig erheben sich die Zünfte wieder und wieder für den Orden, bis endlich die Stadtjunker obsiegen, die Gefangenen an die Ruderbänke im Hafen schmieden. Als der polnischen Freiheit erste Segnung ersteht hier ein herrisches Adelsregiment; des Ordens blühende Schöpfung, die Jungstadt Danzig, wird vernichtet durch den Handelsneid der altstädtischen

Patrizier. So schmachvollen Gewinn zu sichern, halten die Junker des Artushofes am zähesten zu dem Könige. Zumeist von Danzigs Gelde, von dem Geschmeide seiner Patrizierfrauen, bestreiten die Polen die Kosten des Krieges.

Arm an Taten, überreich an allen Greueln eines verwilderten Geschlechts wälzt sich der Krieg durch dreizehn Jahre: ein vollendetes Bild wüster Gemeinheit — stünde nicht neben dem schwachen Hochmeister Ludwig von Erlichshausen die stolze Heldengestalt des Ordensspittlers Heinrich Reuß von Plauen, der, herrisch wie sein Ahn, auf dem Felde von Konitz das Glück noch einmal an des Ordens Fahnen fesselt. Ein neuer Feind ersteht dem Orden in seinen eigenen Söldnern. Die ungeheure Soldrechnung zu tilgen, versetzt der Meister mehr als zwanzig seiner Städte und Schlösser, darunter die Hauptburg selbst, an das Kriegsvolk. Als der letzte Termin verstreicht, rücken die Söldner, zumeist ketzerische Böhmen, in das Meisterschloß. Lärmend hebt an, inmitten dieser großen Tragödie, der Taumel des höhnischen Satyrspiels. Durch den Kreuzgang, wo des Ordens Helden ruhen, jagt der Peitschenschlag der hussitischen Söldner die Gebietiger; in die Zellen brechen die Rohen, binden die Ritter, scheren ihnen den Vollbart. Endlich, am Pfingsttag 1457, wird der Meister aus der geschändeten Burg vertrieben. Auf einem Kahne entkommt er die Nogat hinab nach Königsberg, und der mitleidige Rat der Stadt sendet ihm ein Faß Bier durch einen Stadtknecht. Das Meisterschloß indes war nebst den anderen Burgen längst von den Söldnern an den Polenkönig verkauft. Bald nach Pfingsten hielt der neue Herr seinen Einzug. Aber noch einmal hebt sich aus der scheußlichen Entehrung ein tapferer Mann. Der Bürgermeister Bartholomäus Blome öffnet die Tore seiner Stadt Marienburg dem Reuß von Plauen. Drei Jahre lang haben diese beiden letzten Helden des Ordensstaates die Stadt gehalten wider die Polen auf der Burg und im Lager. Dann erlagen sie der Übermacht, und der gefangene Bürgermeister ward von den Polen enthauptet.

„Soweit das Auge reichte, war kein Baum und Gesträuch, daran man eine Kuh festbinden kann." An 16 Millionen ungarischer Gulden hatten allein der Orden und der König an diesen jammervollen Krieg gewendet. Selbst die „Ungetreuen unserer lieben Frau" begannen dem Könige zu klagen, „wie jämmerlich wir von Euch und Euern Räten verleitet worden sind." Nur die Söldnerhauptleute hatten reiches Gut erworben, sie wurden die Ahnherren von einem Teile des heutigen preußischen Adels. Aus dieser Erschöpfung beider Teile erklärt sich des Kampfes faules, unmögliches Ende: der ewige Friede von Thorn (19. Oktober 1466). Alles Land westlich der Weichsel und Nogat fiel an Polen, dazu das Kulmerland, Marienburg, Elbing und das ermeländische Bistum, das wie ein Keil in das ostpreußische Land hineinreichte. Die Weichsel war wieder ein slawischer Strom. Den Osten des Landes empfing der Meister zurück als ein polnisches Lehen; es sollen „der Meister und der Orden und alle ihre Lande für immer so mit dem Reiche Polen verbunden sein, daß sie zusammen einen einzigen Körper, ein Geschlecht und Volk in Freundschaft, Liebe und Eintracht bilden." Zur linken Hand des Königs wird fortan im polnischen Reichstage der Hochmeister sitzen als „Fürst und Rat des Reiches zu Polen", und die Hälfte der ritterlichen deutschen Herren wird aus Polen jeglichen Standes bestehen! Weinend, in zerrissenem Kleide, schwor der elende Hochmeister in der Gildehalle zu Thorn dem Polen den Eid der Treue. Nie hat eine Großmacht kläglicher geendet. Der Vorgang war eine unauslöschliche Schmach nicht nur, sondern eine Unmöglichkeit, denn der polnische Vasall sollte nach wie vor zwei unabhängigen deutschen Fürsten, den Meistern von Deutschland und Livland, gebieten.

Teilnahmslos ließ Kaiser und Reich geschehen, daß die Ohnmacht einer unbeweglichen Theokratie und der anarchische Übermut der Patrizier und Landjunker „das neue Deutschland" an den Polen verrieten. „Sehet an die Beleidigung Eurer deutschen Nation und die Pflanzung Eurer Voreltern," schrieb der Meister an den deutschen Adel. Der aber hatte soeben seine beste Kraft vergeudet in dem ruchlosen Kriege wider die Städte. Zucht und Gemeingeist schien diesem entarteten Geschlechte ganz entschwunden, ständischer Haß seine einzige Leidenschaft, blutiger Haß, wie er redet aus dem gräßlichen Hohnliede der Fürstlichen wider die Bürger: „Sie sollen fürbaß Wollsäck binden! Gott wöll, daß sie mit ihren Kinden Land und Leut verlieren!" Schnöde Selbstsucht überall: dem Landmeister von Deutschland kam nicht in den Sinn, seine reichen Güter zur Rettung des Kernes der Ordensmacht zu opfern. Der livländische Zweig des Ordens, verstimmt über die steigenden Anforderungen der Marienburger Brüder, ging längst seines eigenen Weges; er wählte jetzt seinen Landmeister allein, hatte vom Hochmeister ganz Estland zu ausschließlicher Beherrschung erhalten und kämpfte dort wie an der Düna mit den Landtagen seiner unbotmäßigen Vasallen. Kurz zuvor hatte der transalbingische Adel, verlockt von Dänemarks Gold und Freiheitsversprechen, das deutsche Erbrecht seines Fürstenhauses preisgegeben und den Dänenkönig zum Herzog der Lande Schleswig-Holstein gekürt. Und nicht lange, so traf des Ordens alten Schicksalsgenossen, die Hansa, ein töblicher Schlag. Der Moskowiter zog siegend ein in Nowgorod, die Bürgerglocke des deutschen Freistaats verstummte, und als dem deutschen Narwa gegenüber das moskowitische Jwangorod sich erhob (1491), war eine neue Macht, Rußland, in die baltische Politik eingetreten. Ein einziger Mann im Reiche, Kurfürst Friedrich II. von Brandenburg, folgte mit dem Blicke des Staatsmannes diesem Niedergange des deutschen Wesens im Norden und Osten. Der hielt die Mark mit harter Faust zusammen und plante, die gesamte Ostseeküste als einen Wall des Reiches seinem Hause zu erwerben. Durch Heiraten und

Erbverträge mit Lauenburg, Pommern, Mecklenburg bereitete er die Ereignisse einer großen Zukunft vor. Er erbot sich, die Dänen vom Boden des Reichs zu vertreiben, wenn der Kaiser ihn mit Holstein belehne: doch in Wien gönnte man das Reichsland dem Fremden lieber denn dem Hohenzollern. Auch Preußen faßte Friedrichs hoher Ehrgeiz ins Auge. Er durchschaute die Fäulnis der Ordensherrschaft und hoffte, dem Lande ein deutscher Erbfürst zu werden. Aber seine Macht reichte nicht aus für so weite Ziele; er mußte sich begnügen, dem Orden in seiner Geldnot die Neumark abzukaufen (1454) und dies alte Erbland der Marken mindestens vor den Slawen zu sichern.

„Brecht nur den alten Sündenkasten ab, aber Kindeskind wird es beweinen," so rief der Reuß von Plauen, als er die Bündischen eine Ordensburg zerstören sah. Das Wort erfüllte sich, in unseligem Elend schleppte der verstümmelte Staat sich weiter. Undenkbar blieb der Neubau des Ordens, schon weil die Meister von Deutschland und Livland jetzt mit vollem Recht dem polnischen Vasallen den Gehorsam weigerten und der Deutschmeister sogar förmlich als ein Fürst des Reichs investiert wurde. Unnütze Gesellen trugen den weißen Mantel, seit der ohnmächtige Orden keinen von dem Kaiser oder einem Fürsten Empfohlenen abzuweisen wagte. Die ganze Summe seiner Staatsweisheit beschränkte sich nun auf den armseligen Plan, die versprochene Aufnahme polnischer Ritter in den Orden zu hintertreiben und das Meisteramt solange als möglich unbesetzt zu halten, auf daß der Lehnseid vor der Krone Polen vermieden werde. Umsonst. Man kannte in Krakau des Ordens Schwäche, man verstieg sich bis zu dem Gedanken, das Hochmeisteramt für immer mit der Krone Polens zu vereinigen. Auf alle Fälle war der instinktive Panslawismus der Zeit entschlossen, lieber alle Forderungen Rußlands zu bewilligen, als die Oberherrschaft über Preußen aufzugeben. Gegen diesen starken Willen blieb der Orden angewiesen auf die Hilfe Roms, das treulos zwischen dem Orden und seinen Feinden schwankte, und auf die großen Worte des Kaisers, der sich in der ärmlichen Prahlerei gefiel, „der alte ehrliche Orden müsse bei dem heiligen Reich und der deutschen Nation verbleiben."

Da brach sich endlich der Gedanke der Monarchie seinen Weg. Die deutschen Herren wählten Herzog Friedrich von Sachsen zum Meister (1498), damit die Macht des Wettiner Hauses den Orden stütze. Und das Aussehen der Monarchie allerdings hatte man gewonnen. Ein weltlicher Hof prunkte zu Königsberg; herrisch, nach Fürstenweise, klang des neuen Meisters Sprache. Ganze Komtureien zog man ein für den Unterhalt des Hofes; fürstliche Räte und Kanzler, die nicht des Ordens Glieder waren, leiteten das Land. Die Landesverwaltung ward die einzige Sorge der Komture, und kaum war noch die Rede von ihrem geistlichen Berufe. Kurz, die Trümmer des Ordensstaates waren auf dem Wege, sich zu verwandeln in ein bescheidenes monarchisches Territorium, wie andere auch im Reiche. Aber noch fehlte der königliche Wille eines Monarchen. Wie später in den großen Fragen der deutschen Staatskunst, so sollten hier in kleinen Verhältnissen die Hohenzollern das Spiel gewinnen, das die Wettiner schwach verloren. Nach Friedrichs Tode ward, in gleicher Absicht, Markgraf Albrecht von Brandenburg-Ansbach gewählt (1511), ein Fürst von mäßigen Gaben, doch beseelt von dem begehrenden Ehrgeize seines Hauses. Er war entschlossen, den Lehnsverband zu brechen, und Kaiser Max befahl ihm streng, den ewigen Frieden nicht zu beschwören. Aber da weder das Reich noch die beiden nächsten Nachbarn Sachsen und Brandenburg den Krieg gegen Polen wagen wollten, so opferte der Kaiser schließlich die bedrängte deutsche Kolonie dem Vorteil seines Hauses und schloß (1515) den Vertrag zu Wien mit den Königen von Ungarn und Polen, welcher den Habsburgern die Nachfolge in den Kronen von Böhmen und Ungarn zusprach und dafür Preußen wieder auf Grund des ewigen Friedens der polnischen Lehnsherrlichkeit unterwarf! Danzig und Thorn wurden exsimiert von der Gewalt des neugegründeten Reichskammergerichts und polnischen Gerichten untergeben. Als dann zu Augsburg Gesandte des Ordens und der Polen vor Kaiser und Reich erschienen, ihre Späne zu vertragen, hörte der Kaiser den Polen gnädig an und verbot dem Gesandten der deutschen Herren den Mund! Alle die stolzen Reden des Kaisers, daß der Orden in der Weltlichkeit allein zu kaiserlicher Majestät sich halten dürfe — sie hatten allein bezweckt, den Polenkönig so lange einzuschüchtern, bis er seine Zustimmung gab zu dem Vertrage, der das Erbe der Jagellonen an das Haus Habsburg brachte.

So vom Reiche verlassen, wagt der Hochmeister dennoch den ungleichen Kampf (1519), und zum letzten Male flackert unter dem deutschen Adel der Geist des alten Rittertums empor, den die Gewalten der neuen Zeit alsbald ersticken sollten. Franz von Sickingen, in Wahrheit der letzte Ritter der Deutschen, wirbt ein Heer und schickt seinen Sohn Hans dem Orden zu Hilfe, dazu „manche gute Vögel, die Nachtigall und die Singerin und anderes gute Feldgeschütz." Aber des Meisters unsichere Hand weiß, der ungeheuren Übermacht gegenüber, das Heer nicht zu leiten. Geschlagen, schließt er einen Beifrieden und geht Hilfe suchend ins Reich.

Jetzt endlich waren die Geister soweit gereift, um den anderen Gedanken zu verstehen, der allein die Monarchie in Preußen verwirklichen konnte, den Gedanken der Säkularisation. Was soll die müßige, oft wiederholte Klage, daß das Geschick dem Ordenslande nicht vergönnte, als ein mächtiger geistlicher Staat in die hellen Tage der Reformation einzutreten und dann sogleich in ein starkes weltliches Reich sich zu verwandeln? Gerade so, so verfault und tief verachtet mußten die politischen Gebilde der alten Kirche stehen, wenn der vermessene Plan, das Heilige zu verweltlichen, Fuß fassen sollte in den Gemütern.

Längst durchschaut hatten die Preußen des heiligen Ritterbundes unheilige Weise; mit Leidenschaft also ergriffen sie den neuen Glauben. Am Christtag 1523 verkündete im Dome von Königsberg der Bischof von Samland, Georg von Polenz, selber der Gemeinde „die große Freude, daß der Herr seinem Volke zum zweiten Male geboren sei." Er war der erste Kirchenfürst der Christenheit, der die Lehre des Evangeliums bekannte. Ein Jahr später entstand die erste Druckerei in Preußen. Mächtig wirkte die geistige Bewegung der alten Heimat auf das ferne Grenzland. Schon sah man deutsche Herren den Predigern der neuen Lehre horchen. Schon war der weiße Mantel nicht sicher mehr vor dem Spotte der Buben auf den Gassen. Viele legten freiwillig das mönchische Kleid ab. Auch an den Meister, auf seiner Bittfahrt durch das Reich, trat die neue Zeit heran. Nikolaus Osiander redete ihm ins Gewissen; in Wittenberg mahnte ihn Luther, falsche Keuschheit zu meiden und zur rechten ehelichen Keuschheit zu greifen. Eine köstliche Flugschrift ging jetzt aus von dem Reformator an die deutschen Herren. Schonungslos enthüllte sein waches Gewissen die geheimste Lüge des Ordensstaates: „Ein seltsamer Orden zum Streitführen gegen die Ungläubigen, darum weltlich und mit dem weltlichen Schwert in Handen — und soll doch zugleich geistlich sein? wie reimt sich das zusammen? Ein groß trefflich stark Exempel soll der Meister geben, eine rechte ordentliche Herrschaft gründen, die ohne Gleißen und falschen Namen vor Gott und der Welt angenehm wäre."
Die lautere Wahrheit solcher Gründe kam des Meisters dynastischer Ehrsucht zustatten. Er trat über zu dem neuen Glauben seines Volkes und empfing kraft des Krakauer Vertrags (8. April 1525) das Land Preußen als ein weltliches Erbherzogtum von seinem Oheim König Sigismund zu Lehen, weil „aller Krieg und Zwiespalt zwischen Polen und Preußen aus dem Mangel eines rechten, regierenden, erblichen Fürsten des Landes Preußen entstanden." Die große Mehrheit der deutschen Herren be-

grüßte mit Freuden das neue Wesen; nur wenige blieben standhaft, allen voran — mit dem Starrsinn seines Hauses — ein Heinrich Reuß von Plauen. Die obersten Gebietiger des Deutschen Ordens wurden die höchsten Beamten des neuen Herzogs. Das schwarze Kreuz verschwand aus Herzog Albrechts Schilde, aber des Landes schwarzer Adler blieb, nur daß er jetzt das S des Lehnsherrn auf seiner Brust tragen mußte. Der Staat des Ordens war vernichtet. Und dennoch war dies ruhmlose Ende der bescheidene Anfang einer gesunden Entwicklung. Als der Staat endlich ehrlich sein weltliches Wesen bekannte, gewann er die Kraft, fortzuschreiten und sich umzubilden nach dem Wandel der weltlichen Dinge. Ein frischerer Strom deutscher Bildung ergoß sich wieder über das Grenzland, seit der neue Herzog die Hochschule Königsberg, die Albertina, gegründet hatte, und dankbar schrieb Luther: „Siehe das Wunder, in vollem Laufe, mit vollen Segeln eilt das Wort Gottes ins preußische Land!" Die geistliche Hülle aber, die der preußische Staat kühnlich abgestreift, fristete noch lange ein spukhaftes Dasein. Den Herzog traf der Bannstrahl des Papstes und die Acht des Kaisers. Die deutschen Herren in Deutschland entsetzten den treulosen Meister, gaben den Überresten des Ordens neue Statuten. Im Südwesten, dem klassischen Gebiete der verfaulten geistlichen Herrschaften, hausten seitdem die neuen Hoch- und Deutschmeister. Die deutschen Herren führten das unnütze Dasein vornehmer Mönche, sperrten sich ab von den gesunden Kräften der Nation durch die peinliche Ahnenprobe, welche der Orden in seinen großen Tagen nicht gekannt. Unversöhnt und unbelehrt, nach theokratischer Weise, heischten sie jahrhundertelang das Land Preußen von den unrechtmäßigen durchlauchtigen Detentores. Vielmals trug sich der Hof zu Wien mit der Hoffnung, die Herrlichkeit des Ordens in dem Ketzerlande von neuem aufzurichten; noch der erste König in Preußen mußte die lärmenden Proteste des Ordens und des Papstes wider die angemaßte Würde belächeln. Die Stürme der Revolution haben auch den trägen Hof von Mergentheim hinweggefegt, doch in dem gelobten Lande der historischen Reliquien ist das Zerrbild alter Größe wieder auferstanden. Hart am Fuße der sonnigen Weingelände steht in Bozen das prächtige Deutschherrenhaus; auf seinen Toren prangt das schwarze Kreuz inmitten des Wappens der Habsburg-Lothringer. –

War Preußen den Polen erlegen, so sahen sich die deutschen Lande im ferneren Osten den Angriffen der Moskowiter bloßgestellt. Welch unheilvolle Verwicklung! Rußland, der natürliche Bundesgenosse der Preußen gegen die Polen, war den Deutschen Livlands der „Erbfiend"; ein Zusammenwirken des preußischen Ordens mit den Brüdern an der Düna blieb für jetzt unmöglich. Dazu die Zwietracht und Schwäche des heiligen Reichs, die beschränkte Binnenlandspolitik der Habsburger, endlich der Handelsneid unserer wendischen Städte, die den Livländern den Verkehr durch den Sund untersagten, gegen Riga und Reval dieselben Künste monopolsüchtiger Handelspolitik anwendeten, welche später England mit dem gleichen Erfolge gegen Nordamerika gebrauchte. Eine Zeitlang blühten die Städte am Dünabusen noch fort als die lachenden Erben der Handelsgröße von Nowgorod. In seinen letzten Jahren schaute der livländische Orden noch seinen ersten Helden, jenen gefeierten Walter von Plettenberg, der am See Smolin bei Pleskow (1502) – nach harter Arbeit zusammengesunken und auf den Knien weiterfechtend, wie die Sage geht – die Moskowiter aufs Haupt schlug und also seinem Lande einen fünfzigjährigen Frieden sicherte.

Doch der altgläubige Meister fand den Entschluß nicht, zur rechten Zeit den Spuren Albrechts von Brandenburg zu folgen. Unterdessen hatten Knöpken und Tegetmeyer den Landen den evangelischen Glauben und einige Kenntnis der oberdeutschen Sprache gebracht. Dann, nach dieses Meisters Tode, mit den

verheerenden Einfällen des schrecklichen Iwan begann die große
Russennot, ein entsetzlich blutiges Ringen. Hier wie in Preußen
schwächten sich die Deutschen durch Verrat und Zwietracht also,
daß ein Tatarenfürst rufen konnte, der Deutsche habe sich selber
die Rute gebunden. Umsonst klagten die Meister dem Kaiser,
„der erschrecklich große und mächtige Moskowiter drohe der
Ostsee mächtig zu werden." Da endlich rettete der Landmeister
Gotthard Ketteler Kurland vor dem sichern Verderben, nahm
dies Gottesländchen als weltliches Herzogtum von der Krone
Polen-Litauen zu Lehen (1561). Eine leidliche Zeit kam jetzt
über dies glücklichste der baltischen Länder; auch die Undeutschen
wurden durch Neymers lettische Passion, durch Übersetzungen
des Psalters und des Katechismus mit der lutherischen Lehre
vertraut. Livland aber und das klassische Land des Bauern-
drucks, Estland, blieben durch viele Menschenalter der Zankapfel
der nordischen Mächte. In diesen Jahrhunderten der Kriege
gelangte der baltische Adel zu seiner Selbständigkeit — ein Geschlecht, herrisch gegen die Bauern, ausgestattet mit dem Rechte
der „fliegenden Jagd" und zahlreichen anderen adligen Vorrechten, zähe haftend an den alten Sitten mittelalterlicher Gast-
freundschaft gegen Gäste und Krippenreiter — ein Geschlecht
von Deutschen freilich, doch mit einer Sprache, welche seit
Luthers Tagen der Lebenskraft entbehrte, arm und ärmer ward,
mit einem geistigen Leben, das an Gustav Adolfs edler Schöpfung, der Hochschule Dorpat, nur kümmerlich sich nährte.
Dann rief ein livländischer Edelmann, Patkul, ergrimmt über
schwedische Willkür, abermals die Russen ins Land. Peter der
Große und Katharina unterwarfen die deutsche Pflanzung ihrem
Zepter. Die neue Herrschaft brachte zwar einen, den einzigen
Segen, den lang entbehrten Frieden, aber auch neue Gefähr-
dung der deutschen Sitte durch die russische Propaganda. Die
Sünden der Väter bestraften sich an den Söhnen. Obgleich
der Adel jetzt in milderer Zeit die Lasten der Bauern erleichterte,

so hatte sich doch der alte Haß zu tief in die Herzen der Unterworfenen eingegraben. Die Verführungskünste der Popen fanden Anklang bei den Esten und Letten; immer häufiger von Jahr zu Jahr sah der Wanderer aus dem eintönigen Nadelholze der Landschaft die glänzenden Kuppeln neuer griechischer Kirchen emporragen. Nach wie vor besaßen die Lande nur drei wahrhaft bedeutende Städte. Die Rechte der ritterlichen Landtage bildeten nahezu das einzige Bollwerk des Deutschtums in der Kolonie; und wenn der Übertritt zahlreicher baltischer Edelleute in den russischen Staatsdienst den Fortbestand dieser abligen Landesverfassung sicherte, so ward doch durch die enge Verbindung der deutschen Adelsgeschlechter mit dem Petersburger Hofe die Verschmelzung der Provinzen mit dem russischen Staate wesentlich gefördert. Selbst der Name der Herzogtümer ging den Landen verloren, und unter dem Zaren Nikolaus schien es in der Tat, als solle sich das knechtische Wort erfüllen, das damals aus Dorpat dem Kaiser zugerufen ward: „Denn ewig ist des Schicksals Wille: wo Russen kommen, wird es stille." Unter seinem milderen Nachfolger erschienen der deutschen Gesittung glücklichere Jahre. Das Volk begann zurückzukehren zu der in Torheit verlassenen lutherischen Landeskirche; auf der durch Alexander I. wiederhergestellten Landesuniversität blühte die deutsche Wissenschaft kräftig und ungestört; das deutsche Schulwesen schritt langsam vor; das Verhältnis zwischen Herren und Bauern gestaltete sich erträglicher. Aber seitdem sind neue Zeiten der Bedrängnis gekommen: neue dreiste Übergriffe einer verblendeten moskowitischen Partei, welche geradeswegs darauf ausgeht, das alte baltische Landesrecht zu vernichten, und an dem Gleichheitsfanatismus dieser demokratischen Tage, an dem wiedererwachten Nationalgefühl der Letten und Esten mächtige Bundesgenossen findet. Jedenfalls bleiben die russischen Ostseeprovinzen unter allen Kolonien unseres Volkes die am meisten gefährdete: eine schwache Minderzahl von Deutschen, etwa 200000 Köpfe unter einer Gesamtbevölkerung von nahezu zwei Millionen, erwehrt sich hier mühselig, unter den schwierigsten Verhältnissen, übermächtiger fremder Gewalten, und findet doch noch die Kraft, alljährlich Männer deutscher Bildung in das innere Rußland zu senden. — Im königlichen Preußen ward allein Danzig der neuen Herrschaft froh. Im Alleinbesitze des polnischen Handels sah der Stadtadel von den Woiwoden begünstigt seinen Reichtum herrlich gedeihen. Weithin erklang der Ruhm der Stadt, als ein Danziger, Johann von Kolno, die Hudsonstraße und die Küste von Labrador entdeckte. Zur selben Zeit, in den Kriegen der beiden Rosen, flammte der deutsche Nationalstolz der Danziger noch einmal hoch auf; der preußische Held der Hansa, Paul Beneke, trieb auf der See die Engländer zu Paaren und brachte reiche Beute heim, darunter jenes köstliche Gemälde „Das Jüngste Gericht", welches noch heute als „das Danziger Bild" in hohen Ehren bewahrt wird. Den Verrat an Deutschland belohnte der Hof von Krakau anfangs durch reiche Gnade, er schenkte der Stadt sogar seine Krone in ihr Wappen. Einmal freilich büßte sie furchtbar für die alte Untat: durch ein hartes Blutgericht des Polenkönigs (1526) ward das lutherische Bekenntnis heimgesucht. Aber bald erkannten die Polen, mit welchem schweren Ernste die Deutschen sich der neuen Lehre zuwandten; sie wurden duldsamer, um ihre wichtigste Provinz nicht zu verlieren. So behauptete sich Danzig, auch nachdem die Hansa zerfallen, inmitten der polnischen Anarchie als eine reiche freie Stadt, in einer ähnlichen selbständigen Stellung wie Straßburg unter den Bourbonen.

Das übrige Land dagegen empfand schwer die Untreue, die kläglich politische Unfähigkeit der Polen. Untergraben wurden die Grundlagen reinerer Menschensitte, die deutscher Fleiß gelegt; in Preußens Ober- und Unterständen ward das Gebaren des polnischen Reichstags eifrig nachgeahmt. Ein Ziel nur lockte die neuen Herrscher: die Vernichtung deutscher Sprache und Sitte. Malborg hieß fortan die Meisterstadt, Chelmno das alte Kulm, und die deutschen Adelsgeschlechter Oppen, Hutten, Falken, Götzendorf dünkten sich abliger, seit sie sich Bronikowski, Chapski, Plachecki, Grabowski nannten. Von den verbrieften Landesrechten sank eines nach dem andern dahin. Schon Hans von Baisen sah die Vergeltung hereinbrechen über den Verrat, der die Freiheit bei dem Feinde gesucht, und starb gebrochenen Herzens. Das Amt des königlichen Gubernators ging ein, polnische Edelleute drängten sich in die Woiwodenstellen und auf den Bischofssitz von Ermeland. Hundert Jahre nach dem Thorner Frieden verkündigte der Reichstag von Lublin die vollständige Vereinigung der Provinz mit dem Polenreiche; die Stände Preußens sollten fortan auf den Reichstagen der Adelsrepublik erscheinen. Zwei Jahrzehnte darauf herrschte auch in den Landtagen des königlichen Preußens die polnische Sprache.

Und wahrlich, der widernatürliche Zustand, daß Slawen über Deutsche herrschten, konnte dauern, das Werk der Slawisierung konnte auch in den Städten des Weichseltales gelingen wie auf dem flachen Lande, hätten nicht die Jesuiten ihr Lager in Polen aufgeschlagen und das Reich als getreuesten Bundesgenossen in die Händel der Habsburger verwickelt. Stanislaus Hosius, der rührige Apostel der Jesuiten, der Leiter der Gegenreformation in Polen, begann auch in Preußen seine emsige Arbeit; noch heute erinnert die Braunsberger Theologenakademie, das Hosianum, an sein Wirken. Im gemeinsamen Kampfe wider diese pfäffische Propaganda näherten sich einander die Städte Preußens und ein Teil des Adels, der von der Habsucht der Gesellschaft Jesu für seine Güter fürchtete. Weissagend rief nach dem Lubliner Tage der deutsche Edelmann Achatius von Zehmen den Polen zu: es werde dereinst ein Gewaltiger über sie kommen und ebenso mit ihnen verfahren, wie sie heute mit den Preußen. So gereichte die Eroberung des königlichen Preußens auf die

Dauer den Polen selber nicht zum Segen; sie brachte nur ein neues Element des Widerstandes zu so vielen anderen grollenden Volksstämmen, die unter der Fremdherrschaft des polnischen Junkertums schmachteten. Halbwach erhielt sich in dem preußischen Bürgertume ein deutsch-protestantisches Gemeingefühl, und aus der Dunkelheit dieser polnischen Zeit strahlt uns dann und wann eine echteste Tat deutschen Geistes entgegen. Zu Frauenburg sann und forschte ein deutscher Domherr in jeder sternenhellen Nacht während eines Menschenalters, bis endlich die ungeheure Wahrheit des kopernikanischen Weltsystems dem Grübelnden sich erschloß, und sein großer Name der Stolz zweier feindlicher Völker ward.
So recht den Kern des wüsten Regiments der Polen erfassen wir in den Schicksalen der Meisterburg. Geplündert und geschädigt von der heiduckischen Besatzung fiel die Hochburg zuletzt an die Jesuiten, und was die Roheit der Heiducken nur halb vollbracht, vollendete die Kulturbarbarei der frommen Väter. Anbauten im Jesuitenstile schoben sich nun zwischen die hehren Werke der Meister, die schmutzigen Hütten schottischer Krämer umgaben die Burg, und in den Grüften der Annakapelle räumten die Meisterleichen den Jesuiten die Stätte. Zwischen den Pfeilern der Remter zog der Pole dünne Wände, weil er der Kühnheit der deutschen Gewölbe nicht traute, und die ernste Wahrhaftigkeit des Ziegelrohbaues ward bedeckt mit der lügenhaften Hülle des Gipses. Es frommte nicht wider das Werk der Zerstörung, daß der prächtige August der Starke die Burg bezog, die er nicht verstand, und seine Gräfin Cosel eine Weile ihre feilen Reize in dem Remter zeigte, den einst der Sporentritt der deutschen Herren durchhallt. —
Bei dieser erdrückenden und zugleich verführerischen Nachbarschaft des großen Slawenreiches, „wo alles adlig war," vermochte das herzogliche Preußen, arm und entvölkert, nur durch zwei Häfen dem Weltverkehre geöffnet, durchaus nicht, jene vor-

schreitende Staatskunst zu wagen, welche sein ketzerischer Ursprung ihm vorschrieb. Unbändig vielmehr, beseelt von altem deutschherrlichen Trotze und den Ideen polnischer Adelsfreiheit, wuchs der preußische Adel den schwachen Herzögen und ihren Günstlingen über den Kopf, hielt in selbstgenügsamer Beschränktheit die Fürsten von allen europäischen Händeln fern, und selten nur griff er zu den Waffen — wenn es galt, den wilden Aufruhr der Bauern wider den Druck der Junker blutig niederzuwerfen. Wie ein Mann hielten der Adel und das stolze Königsberg zusammen gegen die Bauerschaft und die Hinterstädte. Der lebendige Protestantismus war erstarrt und verwandelt in bewegungslose lutherische Rechtgläubigkeit. Schwert und Acht drohten den Anhängern Melanchthons, die der Hof begünstigte. Wenn die Herzöge das Lästern auf den Kanzeln wider den Calvinismus verboten, so ließ der Adel von dem polnischen Lehnsherrn das Verbot vernichten und die Lehre Calvins für Teufelswerk erklären. In die Fremde zog, wessen Herz noch erfüllt war von dem streitbaren Geiste der Reformation: aus dem öden Stilleben der Provinz eilte das heldenhafte Geschlecht der Dohna hinaus in die Glaubenskriege der Hugenotten. Es war die gelobte Zeit des lutherischen Junkertums; aber, gemeiner als in den Marken, sank hier, in der alten Heimat des schroffsten deutschen Nationalstolzes, der Trotz des Adels zu nacktem Landesverrate herab. Fortwährend „polenzten" die Herren Stände, sie verkehrten unablässig mit dem polnischen Hofe und nahmen die Jesuiten, als Helfer wider ihren Fürsten, gastlich in Königsberg auf. Willig schützte auf ihren Ruf die Krone Polen die ständischen Ansprüche gegen den Herzog und erwirkte sich sogar das ungeheuerliche Recht, preußische Landtage zu berufen ohne Willen des Herzogs.

Gehässiger, schonungsloser noch ward die Widersetzlichkeit des Adels, als das Kurhaus Brandenburg zuerst die Vormundschaft über den letzten Ansbacher Herzog, dann die Herzogswürde selbst erhielt (1618). Jetzt galt es, im Geiste des starrsten Partikularismus die „Politik des Vaterlandes" gegen den „märkischen Despotismus" zu behaupten. Unverstanden ging an dem Stumpfsinne dieses Junkertums die verheißende Erscheinung Gustav Adolfs vorüber, vergeblich mahnte er in seiner herzgewinnenden Weise, Extrema zu ergreifen, und rief dem Trotze der Libertät die warnenden Worte zu: „Dankt Gott, daß ihr nicht Polens unmittelbare Untertanen seid." Man wußte, daß der Hof von Wien damit umging, auch das herzogliche Preußen der Krone Polen gänzlich zu unterwerfen; dennoch blieben die Stände neutral in dem Weltkampfe. Das Land sah den tiefsten Fall der Monarchie, als Georg Wilhelm von Brandenburg, flüchtig vor dem deutschen Kriege, in Königsberg seinen ärmlich würdelosen Hofstaat hielt.

Unter seinem Sohne endlich begann das alte Wort besorgter Polen sich zu erfüllen, daß Preußen in den Händen von Brandenburg der Untergang Polens sein werde. Wie mußte der Große Kurfürst sich drehen und winden, um aufzusteigen aus dieser häßlichen Erniedrigung! Nur des Polenkönigs Gnade hatte ihm gestattet, seinem eigenen Vater eine calvinische Totenfeier zu halten. Seine Kommissarien wurden als „fremder Potentaten Abgesandte" von den Ständen Preußens zurückgewiesen, seinen Truppen schlossen die Städte die Tore. Doch nach wenigen Jahren war der mißachtete Vasall der Krone Polen das Zünglein in der Wage des polnisch-schwedischen Kriegs. Alle Kunstgriffe verschlagener Diplomatie mußte er gebrauchen, bis endlich mit der Schlacht von Warschau Brandenburg als eine neue Militärmacht in die Reihe der europäischen Mächte trat und der Vertrag von Welau dem Kurfürsten die Souveränität in Preußen gewährte (1658). Wieder kamen harte Kriegszeiten; der ganze Süden des Landes ward also entvölkert, daß späterhin in Sudauen und Galindien eine massenhafte Einwanderung polnisch-litauischer Arbeitskräfte erfolgen konnte, die sich der genauen historischen Kenntnis gänzlich entzieht. Ganz im Sinne dieser Zeit der Fürstenallmacht verstand der Herrscher seine neue Würde. Noch gab es in Preußen steife Nacken, die der neuen Größe sich nicht beugten; doch nach hartem Kampfe siegte die bittere Notwendigkeit der reinen Monarchie. Preußen und Cleve, Brandenburg und Minden waren fortan membra unius capitis, eines deutschen Staates Glieder. Und siehe, als der Kurfürst die Schweden in wilder Jagd über das Eis des Frischen Haffs bis vor die Wälle von Riga trieb, da stand freiwillig die Bauerschaft Preußens in Waffen, führte den kleinen Krieg wider den Reichsfeind. Mochte man fluchen der eisernen Zucht des Selbstherrschers; eine schönere Zeit war gekommen, dies Volk hatte wieder ein Vaterland.

Selbst in den trübsten Tagen war in dem Grenzvolke ein Hauch deutschen Geistes lebendig geblieben. Dem verwilderten Geschlechte des großen Krieges hatte Simon Dach die herzerwärmende Weise reiner, rechtschaffener Liebe gesungen, und ein Jahrhundert nachher, mit Hamann, Herder, Kant, stieg über Preußen ein Tag geistigen Ruhmes empor, wie ihn die Zeit des Ordens nie gesehen. Als über dem roten Adler von Brandenburg der schwarze königliche Aar von Preußen sich erhob und die entlegene Provinz fest und fester mit dem Hauptlande verwuchs, da erlebte Preußen einen schönen Kreislauf der Geschichte, ein wahrhaftes ritornar al segno, wie es Machiavelli als das Heil der Staaten gepriesen. Denn wieder, wie in des Ordens großen Tagen, stand jetzt die geschlossene Einheit des deutschen Staats der staatlosen Anarchie der Polen gegenüber, und gebieterisch wahrten die Könige von Preußen die Rechte ihrer polnischen Glaubensgenossen wider die Gewalttaten der Jesuiten.

Der Große König hat endlich den alten Teilungsplan des Ordens verwirklicht und das geraubte Erbteil unserem Volke wieder zurückgebracht. Am 14. September 1772 stand General Thadden mit dem Regimente Sydow vor dem Tore von Marienburg, und von selber hob sich der Schlagbaum. Am 27. September tagten die Stände des Landes im Konventsremter der Burg und huldigten dem deutschen Fürsten. Ein erhebender Gedanke fürwahr, könnten wir König Friedrich uns vorstellen, wie er über die Jahrhunderte hinweg den Plauen und Kniprode die Hände reicht als der Retter ihres deutschen Kulturwerkes. Und eine Ahnung allerdings von dem großen welthistorischen Sinne der Wiedereroberung Westpreußens schwebte vor dem Geiste des Königs. Denn schon in jungen Jahren erzählte er in den mémoires de Brandebourg mit scharfen Worten die Schmach des Deutschen Ordens, und die Marienburger Huldigungsmedaille führte die vielsagende Inschrift: regno redintegrato praestata fides. Aber auch nur eine leise Ahnung war in dem Könige lebendig. Die Schriften seines Alters sagen unzweideutig, daß er in der neuen Provinz zunächst nur die Kornkammer des Nordens, die Wasserstraße der Weichsel, die notwendige Verbindung zwischen Pommern und Ostpreußen erblickte und die willkommene Beute auch dann nicht verschmäht hätte, wäre sie von jeher slawisches Land gewesen. Auch die amtliche Rechtfertigungsschrift erwähnt des Ordens nicht, redet nur von den vergessenen Erbansprüchen Brandenburgs auf Pomerellen. Wie wenig die aufgeklärte Zeit die romantische Größe des Ordensstaates verstand, das hat die fortgesetzte Mißhandlung der Meisterburg noch unter Friedrichs Herrschaft klärlich bewiesen. Hüten wir uns also, in seine Seele ein Bewußtsein des Volkstums zu legen, das seinem Jahrhundert fernstand. Freuen wir uns vielmehr, daß kraft einer segensreichen Notwendigkeit dieser Staat dann unfehlbar seinen deutschen Beruf erfüllt hat, wenn er in kalter Berechnung sein eigenes Wohl zu fördern verstand.

Längst verwischt ward die zweideutige Weise der Erwerbung durch die würdige Benutzung. Die halb erstickten Keime

deutschen Wesens sind unter preußischer Herrschaft fröhlich aufgegangen, und seitdem ist Westpreußen unser nach jedem heiligsten Rechte; denn was dort gedeiht von Recht und Wohlstand, von Bildung und guter Menschensitte, ist deutscher Hände Werk. Und abermals sah Königsberg den flüchtigen Hof eines bedrängten Hohenzollern in seinen Mauern; und abermals, doch herrlicher als in den Tagen des Großen Kurfürsten, erwuchs dem wankenden Staate frische Kraft aus der Liebe seines Volkes. Derselbe Königsberger Landtag, der vormals oft die Polen zu Hilfe gerufen wider seinen deutschen Fürsten, wagte jetzt die erste Tat unseres Freiheitskrieges, und das schwarze Kreuz des Landwehrmannes zierten schönere Kränze als jene, die einst das schwarze Kreuz des deutschen Herrn geschmückt. Damals hat das neue Deutschland des Mittelalters dem Mutterlande die alte Wohltat dankbar heimgezahlt.
Als ein Nachklang jener hochaufgeregten Tage begann, gefördert von den Spenden des gesamten Landes, der Wiederaufbau der alten Meisterfeste: — ein bedeutsamer Wink für den Historiker, der die Herzensgeheimnisse einer Epoche am sichersten aus ihrer historischen Sehnsucht errät. Und — wie um den verzweifelten Trübsinn Lügen zu strafen, der unserer Zeit die Kraft des Schaffens abspricht — dem Meisterschlosse gegenüber spannen heute die Brücken von Dirschau und Marienburg ihr Joch über den gezähmten Strom, echte Werke der modernen Welt. Allerdings ein neues Leben ist in dieser Grenzerwelt erwacht. Wohl zeigte sich zuweilen in dem Blute des schwer lenksamen, herb urteilenden Volkes noch ein Tropfen von dem alten Eidechsengifte; doch in den Parteikämpfen dieses Jahrhunderts hat der selbstbewußte Rationalismus der Altpreußen jederzeit ein notwendiges Gegengewicht gebildet gegen die Mächte des Beharrens. Der erste Burggraf des neuerstandenen Meisterschlosses war Heinrich Theodor von Schön, der liberale Kantianer.

Dem Preußen ziemt es nicht, sich selbstgefällig an dem Glücke der Gegenwart zu weiden. Denn noch sind die Schätze der Provinz nicht zur Hälfte gehoben; noch ist der Wohlstand, der das Land vor dem Tannenberger Tage schmückte, bei weitem nicht wieder erreicht; noch sind dem Handel die Adern unterbunden durch die Grenzsperre des Nachbarlandes. Doch bleibt es erquickend, zu gedenken, wie die zähe Arbeit vieler Geschlechter ein gutes Land gerettet hat aus dem großem Schiffbruche der deutschen Kolonien. Alltäglich noch tragen Deutsche die Segnung der Kultur gen Osten. Aber mürrisch wird im Slawenlande der deutsche Lehrer empfangen als ein frecher Eindringling; nur in Preußen blieb er Bürger und Herr des Bodens, den sein Volk der Gesittung gewann. Nach Jahrhunderten wieder ist das Grenzland eingetreten in den Staatsverband der deutschen Nation, enger denn jemals mit dem großen Vaterlande verbunden. Wie einst die vereinte Kraft des Deutschen Ordens und der Osterlinge den Ruhm der Deutschen in den fernen Osten trug, so prangen heute, ein glückverheißendes Zeichen, die vereinten Farben Preußens und der Hansa im Banner unseres neuen Reiches. Die militärischen und die bürgerlichen Kräfte deutscher Nation haben abermals einen festen Bund geschlossen, der, so Gott will, nie wieder sich lösen wird; und jener Kaiseraar, den die entlegene Mark in allen Stürmen der Zeit treu bewahrte, breitet wieder herrschend seine Schwingen über das deutsche Land. Ein Tor, wer nicht beim Anschauen dieses wirrenreichen und dennoch stetigen Wandels einer großen Geschichte die vornehme Sicherheit des Gemütes sich zu stärken vermag. Kräftigen wir daran – was der Historie edelste Segnung bleibt – die Freiheit des hellen Auges, das über den Zufällen, den Torheiten und Sünden des Augenblicks das unabänderliche Walten weltbauender Gesetze erkennt.

Dieser Aufsatz Heinrich von Treitschkes stammt aus dem Jahre 1862 und gelangt hier mit Genehmigung des Verlages S. Hirzel zum Abdruck.

Verlag von S. Hirzel in Leipzig

Heinrich von Treitschke

Deutsche Geschichte im 19. Jahrhundert. Fünf Bände. Geheftet M. 50.—, gebunden M. 65.—.

Historische und politische Aufsätze. Drei Bände. Geheftet M. 18.—, gebunden M. 21.—.

Band I: Charaktere, vornehmlich aus der neuesten deutschen Geschichte. — Band II: Die Einheitsbestrebungen zerteilter Völker. — Band III: Freiheit und Königtum.

Politik. Vorlesungen, gehalten an der Universität Berlin. Herausgegeben von M. Cornicelius. Zwei Bände. Geheftet M. 16.—, gebunden M. 20.—.

Band I: 1. Das Wesen des Staates. 2. Die sozialen Grundlagen des Staates. — Band II: 3. Die Staatsverfassung. 4. Die Staatsverwaltung. 5. Der Staat im Verkehr der Völker.

Ausgewählte Schriften. Zwei Bände. Geheftet M. 4.80, gebunden M. 6.—.

Band I: Die Freiheit. Das deutsche Ordensland Preußen. Luther und die deutsche Nation. Gustav Adolf und Deutschlands Freiheit. Milton. Fichte und die nationale Idee. Königin Luise. Die Völkerschlacht bei Leipzig. Zwei Kaiser. Zum Gedächtnis des großen Krieges. — Band II: Cavour. Lessing. Heinrich von Kleist. Ludwig Uhland. Otto Ludwig. Friedrich Hebbel.

Zum Gedächtnis des großen Krieges. Rede bei der Kriegs-Erinnerungsfeier der Königl. Friedrich-Wilhelms-Universität zu Berlin am 19. Juli 1895. M. —.60

Verlag von S. Hirzel in Leipzig

Heinrich von Treitschke

Bilder aus der deutschen Geschichte. Zwei Bände. Geheftet M. 4.80, gebunden M. 6.—.
Band I: Politisch-Soziale Bilder. Nationale Erstarkung und Erhebung. Der Anfang des Befreiungskrieges. Die Schlacht bei Belle-Alliance. Die konstitutionelle Bewegung. Friedrich Wilhelm IV. Die soziale Bewegung der vierziger Jahre. Das Gefecht von Eckernförde. — Band II: Kulturhistorisch-Literarische Bilder. Die goldenen Tage von Weimar. Literatur und Kunst im ersten Jahrzehnt des 19. Jahrhunderts. Dichtung und Kunst nach dem Befreiungskriege. Radikalismus und Judentum. Das souveräne Feuilleton. Berlin am Ausgang der Regierung Friedrich Wilhelms III. Die preußische Residenz während der Anfänge Friedrich Wilhelms IV. Poesie und Kunst der vierziger Jahre.

Deutsche Kämpfe. Neue Folge. Schriften zur Tagespolitik. Geheftet M. 6.—, gebunden M. 8.—.

Gustav Adolf und Deutschlands Freiheit. Vortrag, gehalten am 9. Dezember 1894 in Berlin. M. 1.—.

Die Zukunft des deutschen Gymnasiums. M. 1.20

1813. Auswahl aus dem ersten Bande der „Deutschen Geschichte". Kartoniert M. 2.—.

Briefe. Herausgegeben von M. Cornicelius. In drei Bänden. Jeder Band geheftet M. 10.—, gebunden M. 12.50. (Band 1 und 2 liegen vor, Band 3 erscheint 1916.)

Reden im Deutschen Reichstag 1871—1884. Mit Einleitung und Erläuterungen herausgegeben von O. Mittelstädt. Geheftet M. 2.40, gebunden M. 3.40

Druck der Piererschen Hofbuchdruckerei in Altenburg.